utb 5960

Eine Arbeitsgemeinschaft der Verlage

Brill | Schöningh – Fink · Paderborn
Brill | Vandenhoeck & Ruprecht · Göttingen – Böhlau · Wien · Köln
Verlag Barbara Budrich · Opladen · Toronto
facultas · Wien
Haupt Verlag · Bern
Verlag Julius Klinkhardt · Bad Heilbrunn
Mohr Siebeck · Tübingen
Narr Francke Attempto Verlag – expert verlag · Tübingen
Psychiatrie Verlag · Köln
Ernst Reinhardt Verlag · München
transcript Verlag · Bielefeld
Verlag Eugen Ulmer · Stuttgart
UVK Verlag · München
Waxmann · Münster · New York
wbv Publikation · Bielefeld
Wochenschau Verlag · Frankfurt am Main

Der Autor:
Laurens Schlicht ist Wissenschaftshistoriker und Kulturwissenschaftler, derzeit wissenschaftlicher Mitarbeiter in professoraler Vertretung am Institut für Romanische und allgemeine Literatur- und Kulturwissenschaft an der Universität des Saarlandes. In seiner Forschung interessiert er sich für die Geschichte der Humanwissenschaften in Frankreich und im deutschsprachigen Raum, für die Geschichte der deutschen Polizei und verwandte Themen. Besonders interessiert er sich hier für die Wandlungen von Geschlechterrollen und für die Verbindungen zwischen Wissenschaft und Politik.

Online-Angebote oder elektronische Ausgaben sind erhältlich unter
www.utb.de

Bibliografische Information der Deutschen Nationalbibliothek

Die Deutsche Nationalbibliothek verzeichnet diese Publikation in der Deutschen Nationalbibliografie; detaillierte bibliografische Daten sind im Internet über http://dnb.d-nb.de abrufbar.

Internet: www.schoeningh.de

Herstellung: Brill Deutschland GmbH, Paderborn
Einbandgestaltung: Atelier Reichert, Stuttgart

UTB-Band-Nr: 5960
ISBN 978-3-8252-5960-0
eISBN 978-3-8385-5960-5

Inhaltsverzeichnis

Vorwort

Es gibt schon viele Einführungen in das wissenschaftliche Arbeiten. Das ist auch gut so, denn Wissenschaft verändert sich. Nicht nur Forschungstechniken wandeln sich. Auch Forschungsinhalte und Perspektiven auf die Frage, was Geistes- und Kulturwissenschaften eigentlich sind, müssen immer wieder neu diskutiert werden. Deshalb ist es gut, dass Studierende ein vielfältiges Angebot an Einführungen haben und sich diejenige auswählen können, die ihren Interessen am besten entspricht. Denn das Letzte, was eine Einführung in das wissenschaftliche Arbeiten anstreben sollte, ist Endgültigkeit. Auch die Wissenschaft ist nicht abgeschlossen.

Das vor euch liegende Exemplar einer Einführung in das wissenschaftliche Arbeiten ist insofern bei Weitem nicht die einzige Möglichkeit, euch bei euren ersten Schritten in das Studium zu helfen. Damit ihr euch überlegen könnt, ob es das Buch ist, das euren Interessen am besten entspricht, möchte ich ein wenig erklären, was ich in der Einführung vorhabe.

Ich werde mich bemühen, ein bestimmtes Spektrum von Anforderungen, die an Studierende gestellt werden, abzudecken. Außerdem habe ich die Absicht, nicht nur darüber zu schreiben, worin diese Ansprüche bestehen, sondern auch, warum sie auf diese Art gestellt werden und ein wenig werde ich auch darüber schreiben, was historische oder soziologische Erklärungen dafür sind. Wenn ich beispielsweise ein Kapitel über die Fragestellung einer wissenschaftlichen Arbeit aufnehme (Kapitel 1), dann ist es mir nicht nur wichtig, zu schreiben, was normalerweise heutzutage eine gute wissenschaftliche Fragestellung ausmacht. Ich möchte auch etwas darüber sagen, warum in Wissenschaften Fragen auf diese Weise gestellt werden. Denn ich bin der Überzeugung, dass wissenschaftliches Arbeiten, gleichgültig in welcher Disziplin, ganz wesentlich damit zusammenhängt, dass Dinge kritisch in Frage gestellt werden. Und die Dinge lassen sich nicht gut in Frage stellen, wenn man nicht weiß, was zu tun ist, um herauszufinden, warum sie so sind, wie sie sind. Aus diesem Grund ist diese Einführung in das wissenschaftliche Arbeiten auch zu einem Teil eine Einführung in das wissenschaftliche Denken. Denn ich versuche, zumindest in Umrissen, immer auch Gründe dafür zu nennen, warum Wissenschaft so oder so vorgeht und diese Gründe können für euch mehr oder weniger überzeugend sein. Vielleicht findet ihr an manchen Stellen gute Argumente dafür, dass etwas anders gesehen werden sollte. Dann seid ihr schon mittendrin im wissenschaftlichen Arbeiten und genau das ist das Ziel dieser Einführung.

Wie ihr merken werdet, wenn ihr diese Einführung mit anderen Einführungen vergleicht, handelt es sich um ein recht kurzes Buch. Das liegt daran, dass ich euch zwar hilfreiche Tipps mit auf den Weg geben möchte, aber andererseits nicht konkret sagen werde, wie eine Hausarbeit aussieht oder was ihr ganz genau tun müsst, wenn ihr ein Referat haltet. Das ist von Fach zu Fach immer ein wenig verschieden und ihr solltet euch am besten an eure jeweiligen Mitstudierenden halten und an das, was eure Dozierenden sagen. Es geht mir eher darum, euch einen hoffentlich interessanten Anreiz zu geben, über diese und jene Gepflogenheit an Universitäten nachzudenken und sie gegebenenfalls zu kritisieren. Zuletzt soll euch das Buch dabei helfen, Fragen auf eine Weise stellen zu können, dass ihr sie am Ende wissenschaftlich beantworten könnt.

Außerdem habe ich versucht, einige praktische Tipps einzubauen, wie sich der Alltag an der Universität am besten gestalten lässt. Nicht immer werdet ihr schließlich die Zeit haben, eine Fragestellung oder eine Hausarbeit bis ins Kleinste so auszuarbeiten, dass sie den hehren Ansprüchen der Wissenschaft genügen kann. Das liegt oftmals nicht an euch, sondern daran, dass manchmal die Freiheit der Studierenden, zu wählen, was sie wann tun möchten, nicht so groß ist, wie man sich wünschen könnte. Dann ist es wichtig, zu wissen, was zu tun ist, um in der Zeit, die euch zur Verfügung steht, dennoch ein respektables Resultat zu erarbeiten.

Ansonsten möchte ich mich hier schon dafür entschuldigen, falls jemand von euch es übergriffig findet, dass ich euch einfach kollektiv duze. Im Deutschen musste ich mich zwischen „Du“ und „Sie“ entscheiden und hatte dann einfach mehr Sympathien für das „Du“.

Dank

Beim Verfassen des Buches haben mir freundliche Personen geholfen: Carla Seemann hat das Manuskript gelesen und mir mit hilfreichen Tipps weitergeholfen, Ann-Christin Gelszat hat viele nützliche inhaltliche Hinweise gegeben und den Stil sehr verbessert. Niko Strobach half mir besonders beim Kapitel „Was ist ein Argument". Annabel Ruckdeschel hat das Manuskript noch ein letztes Mal gelesen und mich vor einigen Dingen bewahrt. Danken möchte ich auch Nadine Albert, die an das Buch geglaubt hat und mich sehr freundlich unterstützt hat. Ein weiterer Dank geht an Markus Messling, der mich zum Schreiben des Buches ermuntert hat. Zuletzt wäre das Buch nicht möglich gewesen, ohne die „Einführungen ins wissenschaftliche Arbeiten", die ich an der Universität des Saarlandes hielt und die mir überhaupt die Idee zu diesem Buch gaben. Den Studierenden in diesen Veranstaltungen möchte ich sehr danken, denn ohne sie wäre das Buch überhaupt nicht geschrieben worden und ohne ihre Kommentare und Kritik während der Seminare wären mir ganz sicher viele wichtige Aspekte nicht aufgefallen.

Wie entwickele ich eine wissenschaftliche Fragestellung?

Am Anfang allen Forschens steht mindestens eine Frage. Eine gute Fragestellung ist das A und O allen wissenschaftlichen Arbeitens. Denn wenn ihr nichts wissen wollt, dann wird es auch sehr schwer sein, euch auf den Weg des wissenschaftlichen Arbeitens zu begeben. Wer nichts wissen will, wird meistens überhaupt nichts tun, um Wissen zu erlangen. Fragen zu haben und wissenschaftlich zu verfolgen, ist deshalb eine Bedingung dafür, dass ihr überhaupt irgendetwas tun könnt. In den Geistes- und Kulturwissenschaften (und auch in anderen Wissenschaften) ist es deshalb sehr wichtig, dass ihr lernt, wie ihr selber Fragestellungen entwickeln könnt.

Dabei ist die Frage, wie man eine gute Fragestellung finden soll, keineswegs einfach zu beantworten. Ich bin überdies nicht der erste, der diese Frage aufwirft. Von den vielen Texten zur Wissenschaft ist ein Vortrag eines Soziologen sehr bekannt geworden, in dem er sich die Frage stellt, was Wissenschaft als Beruf eigentlich ausmacht. Der Soziologe heißt Max Weber (1864–1920). Bevor ich darauf eingehen werde, was meiner Meinung nach gute wissenschaftliche Fragestellungen ausmacht, möchte ich zunächst auf andere Aspekte von Webers Text eingehen. Denn ich glaube, dass sich die Struktur und der Sinn wissenschaftlicher Fragestellungen nur vor dem Hintergrund einer allgemeineren Idee von Wissenschaft verstehen lässt.

Das Erste, was man sich bei der Wissenschaft aus dem Kopf schlagen müsse, ist nach Weber, dass man einfach Rezepte bekommt, die man dann anwenden kann. In seinem Vortrag kritisiert er die Auffassung, die Wissenschaft sei einfach eine Technik, die man nur auswendig zu lernen brauche:

> „Es ist ja wohl heute in den Kreisen der Jugend die Vorstellung sehr verbreitet, die Wissenschaft sei ein Rechenexempel geworden, das in Laboratorien oder statistischen Kartotheken mit dem kühlen Verstand allein und nicht mit der ganzen ‚Seele' fabriziert werde, so wie ‚in einer Fabrik'".[1]

---

1 Max Weber, „Wissenschaft als Beruf [1919]", in *Max Weber Schriften 1894–1922*, hg. von Dirk Kaesler (Stuttgart: Kröner, 2002), 481–82.

In diesem Text geht Weber mit der Herausforderung um, dass die Wissenschaft sich, wie er meint, zu seiner Zeit nicht mehr mit der Frage nach dem Sinn ihrer Gegenstände befassen kann und auch die Religionen diese Aufgabe nicht mehr übernähmen. Die Jugend, die Weber hier im Sinn hat, flüchte sich in nur vermeintlich authentische Erlebnisse und könne der Herausforderung ihrer Zeit nicht mehr ins Gesicht sehen.

Zu Webers Kritik an der Jugend seiner Zeit kann man stehen, wie man will, die Klage von älteren Menschen über die Jugend ist so alt wie die Menschheit und man muss sie nicht immer so ernst nehmen. Seine Bemerkungen zur Logik der Wissenschaft und wissenschaftlichen Fortschritts verdienen hier allerdings einige Beachtung. Denn er fasst in seinem kurzen Text klug und bündig zusammen, was zunächst wie ein Widerspruch aussehen kann: dass Wissenschaft und wissenschaftliche Ergebnisse stets danach streben, sich selbst überflüssig zu machen, ja sogar danach streben sollten, sich möglichst kritisierbar zu machen und auch in der Tat von anderen kritisiert zu werden. Wissenschaft, das meint Weber, wird in der Logik des „Fortschritts" betrieben, d. h. sie soll möglichst Ergebnisse produzieren, die frühere Ergebnisse veraltet erscheinen lassen. Ein bekanntes Sprichwort hierfür ist: „Wir sind Zwerge auf Schultern von Riesen", leisten also zwar weniger als die Gemeinschaft der Forschenden vor uns, können aber dennoch weiter sehen, weil wir auf ihren Schultern stehen. Der wissenschaftliche Prozess ist nach Weber unabschließbar, denn wie ein Kind kann auch die Wissenschaftlerin immer wieder fragen: „Warum?" Indem diese Logik in einer Gesellschaft in Form von Institutionen wie der Universität Einzug gehalten hat, setzte nach Weber ein Prozess ein, den er poetisch die „Entzauberung" der Welt nennt. Denn vor dem „Warum?" der Wissenschaftlerin gibt es nichts Heiliges mehr, das sich noch entziehen könnte. In der Frage nach dem „warum" selbst steckt schon die Annahme, dass sich die Welt erklären ließe. Denn wer sagt, dass man immer nach dem „warum" der Dinge fragen kann – warum sie da sind, welche Gesetze ihnen zugrunde liegen und so weiter –, der respektiert keine Grenze mehr. Diese Person bekennt sich dazu, dass es zwar möglicherweise noch viele Dinge gebe, die sie nicht erklären könnte, dass es aber andererseits keinen Grund gebe anzunehmen, dass wir es nicht eines Tages in einer wissenschaftlichen Analyse verstehen würden.

Nebenbei gab es genau über diese Annahme einen Grundsatzstreit etwas vor der Zeit, in der Weber schrieb, der in der Geschichtsschreibung „Ignorabimus-Streit" genannt wird. Ignorabimus bedeutet „wir werden es nicht wissen" und bezieht sich auf einen Aufsatz des Physiologen Emil Heinrich Du Bois-Reymond (1818–1896), der im Jahr 1872 die These aufgestellt hat, dass es für Wissenschaftler:innen Dinge gibt, die sie nicht wüssten und auch nie wissen könnten. Es gebe also einen Bereich der menschlichen Erfahrung, für den wissenschaftliche Warum-Fragen nicht hilfreich seien und zwar nicht deshalb, weil sie unpassend oder unschicklich seien, sondern weil sie dort prinzipiell nicht zu beantworten seien. Du Bois-Reymond ging es hier im wesentlichen um Grundbegriffe wie „Materie".

Der Wissenschaftsprozess als Kritik älteren Wissens

Gleichgültig, wie ihr euch zu dieser erkenntnistheoretischen[2] Grundsatzfrage stellen mögt – und, wenn ihr wissenschaftlich arbeitet, wird sie euch in der ein oder anderen Weise immer wieder begegnen –, so lässt sich aus Webers Darstellungen hier festhalten: Das „Warum" der Wissenschaftler:innen zielt meist darauf, altes Wissen in Frage zu stellen und durch die Beantwortung der Frage überflüssig zu machen oder doch so zu verändern, dass wir es als neues Wissen bezeichnen können. Was das dann konkret bedeutet, kann in unseren Fächern ganz unterschiedliche Formen annehmen. Eine alte Interpretation kann durch eine neue abgelöst werden, eine alte Deutung kultureller Entwicklung kann durch eine neue ersetzt werden etc.

Diese Fortschrittslogik sollte man im Kopf haben, wenn man darüber nachdenkt, eine wissenschaftliche Fragestellung zu formulieren. Zwei Dinge folgen bereits aus dem Wenigen, das ich hier von Webers wirklich lesenswertem Text wiedergegeben habe: *Erstens* muss schon etwas bekannt sein, um eine wissenschaftliche Fragestellung zu formulieren. Wir müssen schon wissen, welche Fragen sich Forschende vor uns gestellt haben, um eine sinn-

2 Erkenntnistheorie ist derjenige Bereich in der Wissenschaft (meist in der Philosophie), der sich mit der grundsätzlichen Frage befasst, was Erkenntnis ist und wie sie zustande kommt.

volle Frage formulieren zu können, die dieses Wissen erweitert. *Zweitens* gilt für die einzelne wissenschaftliche Fragestellung das, was für den Prozess der Wissenschaft insgesamt gilt: Ein guter Forschungsprozess kann und sollte dazu führen, dass unser Wissen erweitert wird. Häufig wird sich aufgrund des Forschungsprozesses auch unsere Ausgangsfrage verändern. Denn wir wissen jetzt mehr über den Gegenstand, auf den sich die Frage ursprünglich bezog oder es hat sich während der Forschung herausgestellt, dass andere Aspekte am Gegenstand wichtiger sind.

Nehmen wir eine Frage aus der Literaturgeschichte als Beispiel. Wir fragen uns, wie eine bestimmte Autorin einen bestimmten Text rezipiert (das heißt: wie sie ihn verstanden, gedeutet) hat. Nun beginnen wir, Texte dieser Autorin zu lesen und stellen fest, dass die Rezeption von ganz anderen Texten, mit denen wir ursprünglich gar nicht gerechnet hatten, viel wichtiger ist. Wir werden unsere ursprüngliche Frage anpassen. Nicht nur das: Es kann auch geschehen, dass wir bei unserer Forschung herausfinden, dass der Weg, den wir eingeschlagen haben, nicht sinnvoll war, einfacher auf eine andere Art zu gehen wäre, überhaupt in die falsche Richtung weist, dass wir also eine andere *Methode* wählen müssen (nebenbei: das griechische Wort „Methode" – von „metá" und „hodós" – heißt einfach Weg auf etwas hin). Jetzt müssen wir vielleicht einen anderen Pfad durch das Dickicht wählen, oder wir finden sogar heraus, dass der Weg, den Forscher:innen vor uns genommen haben, einfacher anders zu bewältigen wäre oder in irgendeiner Weise ein grundsätzliches Problem hatte. Dann müssen wir nicht nur unsere ursprüngliche Fragestellung ändern, sondern auch noch die Art und Weise, wie wir sie beantworten. Nicht alle Forschung wird natürlich zu solch revolutionären Veränderungen führen, besonders nicht die, die im Rahmen eines Studiums in Form von Hausarbeiten vorgelegt wird. Hier übt ihr schließlich erst noch ein, wie Forschung funktioniert. Aber im Großen und Ganzen zielt Wissenschaft und ihre Fragestellungen doch darauf ab, das Wissen und die wissenschaftlichen Methoden zu verändern, die Wissenschaftler:innen vor uns entwickelt haben.

Jetzt könnt ihr natürlich sagen: Wenn man immer sein Fähnchen nach dem Wind hängt, kommt man ja nie zu einem richtigen Ergebnis! Wenn wir unsere Fragestellung ständig ändern würden, dann könnten wir überhaupt nirgendwo hin kommen!

Und, wenn ihr das wirklich sagen oder denken solltet, so habt ihr vollkommen Recht. Forschung aufgrund einer guten Fragestellung bewegt sich immer in einem gewissen Spielraum. Ein wenig Hartnäckigkeit gehört auch dazu. Nicht immer solltet ihr sofort von der ursprünglichen Fragestellung abweichen, nur weil etwas anderes gerade interessanter scheint. Und nicht immer solltet ihr hartnäckig dabeibleiben, wenn die Früchte am Wegesrand viel verführerischer aussehen. Es gibt Wissenschaftler:innen, die sich bis zu ihrer Pensionierung erfolglos in einer bestimmten Fragestellung verbeißen, ohne zu einem Resultat zu kommen. Und es gibt Wissenschaftler:innen, die über eine lange Zeit bei ihrem Thema bleiben, obwohl andere eher wenig Chancen darin sehen und die am Ende doch zu einem guten Ergebnis kommen. Da Wissenschaft sich mit der Erzeugung von *neuem* Wissen befasst und mit der Entwicklung von *neuen* Methoden, lässt sich hier ganz prinzipiell nicht sagen, wann ihr von einem beschwerlichen Weg abweichen solltet. Der einzige Rat, wie man hier verfahren sollte, ist: Erfahrungen sammeln und sich mit anderen Forschenden austauschen. Auch eure Mitstudierenden[3] sind Forschende, wenn sie Fragen stellen, sie zu beantworten versuchen und sie auf eine Art zu beantworten versuchen, die auch für andere nachvollziehbar und überprüfbar ist – was immer Überprüfbarkeit in den jeweiligen Wissensbereichen auch heißt. Forschung ist etwas, das in der Gemeinschaft geschieht, entweder der vorgestellten Gemeinschaft, die sich in den Beiträgen anderer Forscher:innen in Büchern oder Zeitschriften findet oder der wirklichen Gemeinschaft, die ihr an eurer Forschungseinrichtung findet. Und schließlich wird auch die Frage, ob euer Forschungsergebnis ein gutes Ergebnis ist, von einer Gemeinschaft anderer Forschender beurteilt.

Wenn es jetzt für euch aussieht, als wäre Forschung in etwa so, wie in der Dunkelheit herumzuirren, dann ist das nicht ganz falsch. Stellen wir uns Forschung einmal so vor: Wir gehen mit verbundenen Augen durch einen Raum mit Hindernissen. Wenn wir zurückschauen, können wir unsere Augenbinde abnehmen

3 An der Universität werdet ihr dem Wort „Kommilitonin“, bzw. „Kommilitone“ begegnen. Das Wort stammt aus dem Lateinischen und bedeutet so etwas wie Waffenbruder oder Soldatenkollege (von „mīles“, Soldat). Ich bevorzuge eine weniger militärisch geprägte Ausdrucksweise.

und wenn wir ankommen, können wir den ganzen mühsamen Weg überblicken. Vom Ziel aus betrachtet, fragen wir uns, warum wir so viele Umwege genommen haben, aber während wir den Weg gegangen sind, konnten wir das natürlich nicht wissen. Als wir anfingen, den Weg zu gehen, hatten wir vielleicht eine bestimmte Vorstellung von einem Ziel, doch als wir dann angekommen sind, mussten wir erkennen, dass unsere Vorstellung vom Ziel und das wirkliche Ziel sehr unterschiedlich waren. Und auf welches Ziel ihr euch zubewegt, bestimmt eure Fragestellung.

Wann ist eine Fragestellung wissenschaftlich?

Ich nehme einmal an, ihr hättet eine Fragestellung gefunden. Jetzt muss sich irgendwie herausfinden lassen, ob diese Fragestellung zum einen eine wissenschaftliche ist und ob sie zum anderen auch im Rahmen eurer Möglichkeiten beantwortet werden kann. Eine erste Eigenschaft, die eine gute Fragestellung haben sollte, ist nämlich: Ihr solltet sie mit den Möglichkeiten eures Fachs beantworten können.

Viele Fragestellungen erfüllen diese Voraussetzung nicht. Die Frage „Was ist der Sinn des Lebens?" lässt sich mit den Mitteln der Literaturwissenschaft beispielsweise nicht beantworten. Dennoch kann die Literaturwissenschaft vielleicht einen Beitrag zu dieser an sich interessanten Frage leisten. Wir müssten sie also so verändern, dass sie sich im Rahmen eines wissenschaftlichen Zugangs beantworten lässt. Wir könnten zum Beispiel fragen: „Was sagt die Literatur über den Sinn des Lebens?" Das wäre nun eine Frage, die im Rahmen der Literaturwissenschaft eine gewissen Daseinsberechtigung hätte. Aber es gibt sehr viel Literatur auf der Welt und ein einzelner Mensch könnte wohl kaum alles lesen, um diese Frage zufriedenstellend zu beantworten. Wir müssen die Frage also noch einmal verändern. So können wir beispielsweise fragen: „Was haben Autor:innen während des deutschen Expressionismus[4] über den Sinn des Lebens gesagt?" und vielleicht fügen wir der Frage noch etwas hinzu, um sie zu noch genauer zu machen: „Wie haben ihre Leser:innen das wahr-

4 Eine bestimmte Phase in der Literaturgeschichte am Anfang des 20. Jahrhunderts. Es gibt auch einen Expressionismus in der Malerei.

genommen?" oder „Welche literarischen Formen haben sie dafür gewählt?". Auch das wäre noch eine recht große Frage, aber eine Frage, bei der sich zumindest vorstellen lässt, dass sie sinnvoll bearbeitet werden könnte, vielleicht nicht im Rahmen einer Hausarbeit, aber etwa als ein Buchprojekt.

Gut ist eine wissenschaftliche Fragestellung, wenn klar ist, was zu tun ist, um sie zu beantworten und ihr sie auch im Rahmen eurer Möglichkeiten beantworten könnt. Eine kleine Einschränkung werdet ihr im Studium, je nachdem was ihr studiert, oft hinnehmen müssen. Häufig ist es nämlich während des Studiums noch gar nicht so einfach möglich, wirklich wissenschaftliche Fragestellungen zu bearbeiten, weil dafür einfach noch die Zeit und das Wissen fehlen. Das Ziel einer wissenschaftlichen Fragestellung ist schließlich, das bisherige Wissen in irgendeiner Weise zu erweitern, das heißt, neue Wissensbestände hinzuzufügen oder die alten in einem neuen Licht darzustellen. Das geht aber eben nur, wenn diese Wissensbestände bekannt sind, was allein schon eine Mammutaufgabe ist, denn die Bibliotheken sind voll von Büchern. Deshalb werden die ersten wissenschaftlichen Arbeiten junger Forscher:innen sehr spezifische, Weber würde sagen „spezialistische", Bereiche bearbeiten, bei denen es möglich ist, die Forschung zu lesen.

Damit komme ich zu einer unbedingten Voraussetzung, ohne die in den Geistes- und Kulturwissenschaften überhaupt keine Frage möglich ist: Lest! Wer kein Wissen hat, kann auch nichts wissen wollen und kann nicht wissen, was es zu wissen gibt. Lest, was euch an eurem Fach am meisten interessiert und auch, was nicht in Seminaren besprochen wird. Entwickelt euren eigenen Zugang zu eurem Fach! Erst aus eurer Lektüre wird sich ergeben, was euch interessiert, und in welchen Bereichen ihr euch am meisten engagieren wollt.

Und damit komme ich zurück zu Weber: Wenn ihr lest und euch für Dinge interessiert, werden irgendwann fast automatisch Fragen auftauchen. Unter manchen dieser Fragen wird sich etwas befinden, das Weber die „Eingebung" nennt und die man eben nicht erzwingen kann.[5] Sie kommt vielleicht unter der Dusche, in der U-Bahn und bisweilen auch in einem Seminar. Man kann die

5 Weber, „Wissenschaft als Beruf [1919]", 483.

Eingebung nicht systematisieren – da sie ja als eine gute wissenschaftliche Fragestellung möglicherweise auch die Praktiken der Systematisierung in Frage stellt –, aber man kann die Voraussetzungen dafür schaffen, dass es überhaupt zu einer Eingebung kommen kann, die zu einer wissenschaftlichen Fragestellung führt. Dies kann überhaupt nur geschehen, wenn ihr lest.

Was brauche ich, um eine wissenschaftliche Fragestellung zu beantworten?

In den Geistes- und Kulturwissenschaften sollte eine Fragestellung Methoden nahelegen und beantwortbar sein sowie im Idealfall (nach dem Studium oder in der Abschlussarbeit) für einen umgrenzten Bereich das Wissen über einen Gegenstand erweitern oder verändern. Dass eine Frage die Methode ihrer Beantwortung nahelegt, bedingt ebenfalls, dass aus ihr deutlich wird, welches **Material** ihr braucht, um sie zu beantworten (also etwa: Romane, Interviews, Bilder, Statistiken etc.). Zumindest sollte aber klar sein, welche *Art* von Material ihr braucht, selbst wenn beispielsweise noch nicht klar ist, welches konkrete Material ihr bearbeiten möchtet. Hier müssen zwei Dinge klar voneinander unterschieden werden: Es gibt einmal Dinge – Kenntnisse, Methoden und so weiter –, die euch dabei helfen, eine Frage zu beantworten. Dann gibt es das Material, das ihr konkret bearbeitet und über das ihr etwas herausfinden wollt. Das Erste nenne ich ab jetzt *Forschungsliteratur*, das Zweite *Quellen* oder auch *Material*. Es ist wirklich wichtig, beides auseinanderzuhalten.

Nehmen wir als Beispiel eine Frage aus der Wissenschaftsgeschichte: „Wie kam Isaac Newton[6] zur Formulierung der Gesetze der Anziehungskraft?“ Vielleicht ist das ein gutes Beispiel, denn die Fragestellung ist nicht besonders gut. Sie ist nämlich unpräzise. Es kann hier ja ganz Verschiedenes gemeint sein. Das „Wie“ kann bedeuten, dass wir wissen möchten, welche Argumente Newton in seinen Texten vorgelegt hat und welche Formen der

6 Isaac Newton gehört zu den meistgenannten Wissenschaftler:innen der Wissenschaftsgeschichte und lebte von 1643 bis 1727. Besonders bekannt ist er für sein Buch *Philosophiae Naturalis Principia Mathematica* von 1686, in dem er eine Version des Gesetzes der Schwerkraft formulierte, die in der Folgezeit sehr wichtig wurde.

Mathematik er verwendet hat. Dazu müssten wir Newtons Texte lesen und verstehen, wie er Argumente eingesetzt hat. Wahrscheinlich würde sich zeigen, dass ich nicht alles einfach so verstehe, sondern dass ich andere Texte aus dem Umfeld lesen müsste, um Newtons Argumente nachvollziehen zu können. Immerhin handelt es sich um einen recht alten Text und vieles, was damals gängiges Wissen war, ist heute überhaupt nicht mehr bekannt. In dieser Deutung des „Wie?“ würde sich als Material also ergeben: Newtons Texte und alle Texte, die ich lesen müsste, um Newtons Texte zu verstehen – eine mögliche Fragestellung.

Wir können das „Wie“ in „Wie kam Isaac Newton zur Formulierung der Gesetze der Anziehungskraft?“ auch ganz anders verstehen, etwa als eine Frage zur Sozialgeschichte[7] der Wissenschaft. Dann würden wir wissen wollen, welche Gesellschaft und welche gesellschaftlichen Beziehungen es ermöglicht haben, dass Newton bestimmte Texte schreiben sowie mit anderen Forscher:innen diskutieren konnte. Wir würden wissen wollen, in welchen Institutionen er das gemacht hat, wie er sein Geld verdient hat, mit wem er korrespondiert hat und so weiter. Ihr seht vermutlich sofort, dass wir zur Beantwortung dieser Fragestellung ganz andere Quellen brauchen, Briefwechsel zum Beispiel, in denen Newton über diese sozialen Beziehungen berichtet. Wir würden uns auch für eine ganz andere Zielrichtung entscheiden, hier würden wir uns dafür interessieren, warum Newton mit der Formulierung der Gesetze der Anziehungskraft erfolgreich sein konnte, warum ihm die Leute zugehört haben. Schließlich kann eine Forscherin noch so genial sein, wie sie will, wenn sie nicht auch eine angemessene gesellschaftliche Stellung hat, hört ihr meistens niemand zu.

Ihr seht also, dass eine Fragestellung zuerst unmissverständlich erscheinen kann, dass aber bei näherer Betrachtung deutlich wird, dass sie es überhaupt nicht ist, weil nicht offensichtlich ist, welche Quellen wir zu ihrer Beantwortung brauchen. In der letzten Deutung der Fragestellung zu Newton müssten wir nämlich ganz andere Quellen anschauen: Wir müssten Briefe anderer Forscher:innen lesen, vielleicht Berichte über die Funktionsweise

---

7 Sozialgeschichte hat sehr viele unterschiedliche Ausprägungen, die sich für die Entwicklung von Gesellschaften in der Vergangenheit interessieren. Die Sozialgeschichte legt besonderen Wert darauf, nicht nur staatliches Handeln zu berücksichtigen.

der damaligen Forschungseinrichtungen, wissen, unter welchen Voraussetzungen Menschen damals an Forschungsprozessen teilnehmen konnten und so weiter. Auch bei dieser Frage nach den Quellen gilt, was für die Formulierung von Fragestellungen überhaupt gilt: Sprecht mit anderen Menschen, mit solchen, die mehr Erfahrung haben, aber auch mit solchen, die genauso viel oder weniger Erfahrung haben. Aus allen diesen Gesprächen lässt sich unschätzbar viel lernen und nur so könnt ihr zu einem Forschungsprozess kommen, der in einer wissenschaftlichen Gemeinschaft stattfindet. Denn ob am Ende irgendein Ergebnis, das ihr in Hausarbeiten oder, später, in Abschlussarbeiten oder Promotionen vorlegt, akzeptiert wird, hängt von den anderen Wissenschaftler:innen ab. Dies ist, nebenbei, ganz unabhängig von der Art der Wissenschaft, die ihr betreibt und gilt auch für Naturwissenschaften.

Wenn ihr dann eure Fragestellung gefunden habt, versucht euch konkret vorzustellen, was die nächsten Schritte sind, um sie zu beantworten. Wisst ihr, welche Bücher ihr in der Bibliothek suchen möchtet? Wisst ihr, unter welcher Perspektive ihr diese Bücher lesen möchtet? Habt ihr eine Idee davon, welche Informationen für euch relevant sind und welche irrelevant? Könnt ihr euch eine ungefähre Vorstellung davon machen, wie lange ihr dafür braucht? Wenn all das zutrifft, dann seid ihr auf einem guten Weg.

Eine Fragestellung bestimmt die Perspektive auf einen Gegenstand

An dem wissenschaftshistorischen Beispiel sehen wir außerdem, dass Fragestellungen die *Perspektive auf einen Gegenstand* festlegen. Wir können uns einen Stuhl ansehen und uns fragen, ob er wohl bequem ist. Wir können uns aber auch fragen, in welcher Geschichte der Innenarchitektur, des Designs der Stuhl steht. Oder wir fragen uns in der Technikgeschichte, wie der Stuhl hergestellt wurde und seit wann es die zu seiner Fertigung nötigen Produktionstechniken gibt. Oder wir möchten herausfinden, in welcher Kultur der Geselligkeit ein solcher Stuhl einen Platz hat (Kulturgeschichte). Es bleibt derselbe Gegenstand, aber er verändert gewissermaßen sein Gesicht, er zeigt uns auf die unterschiedlichste Art, was er auch ist, bzw. wofür er eine Spur sein kann, die uns auf ganz unterschiedliche Pfade führt.

Das zeigt auch, dass die **Art des Ergebnisses** bei verschiedenen Fragestellungen sehr verschieden sein kann. Wir stellen eine kunsthistorische Fragestellung: ob dieses Kunstwerk von einer bestimmten Künstlerin stammt. Nun wird die Beantwortung der Frage vielleicht sehr aufwändig sein, die Art des Ergebnisses wird sich aber tatsächlich in der Menge der möglichen Alternativen „ja" oder „nein" bewegen, eventuell mit einer gewissen Abschätzung über die Wahrscheinlichkeit. Andere Ergebnisse können anderen Typs sein. Ein Ziel einer Fragestellung kann etwa eine größere Differenzierung bisheriger Forschung sein. Eine neue Deutung eines Textes kann ein wissenschaftliches Ergebnis sein, das sich, je nach Art der Deutung, schwer zusammenfassen lässt und bei der gewissermaßen der ganze Text das Ergebnis ist. Ein Ergebnis kann auch die Darstellung einer Struktur sein, beispielsweise die Struktur einer Forschungseinrichtung in der Geschichte, die wir noch nicht kannten. Und es gibt noch viel mehr Arten von möglichen Ergebnissen.

Häufig wird es so sein, dass eure Fragestellung die Form einer Hypothese hat, also eine Vermutung darüber, wie die Fragestellung beantwortet werden wird. Wenn ihr dann schon wisst, wie ihr die Hypothese prüfen könnt, dann seid ihr in einer guten Situation. Heutzutage neigen manchmal Menschen, die an der Universität arbeiten, dazu, sehr stark danach zu fragen, was eure „These" ist. Ich finde, dass diese Perspektive auf wissenschaftliches Arbeiten häufig einengend wirkt, denn nicht immer hat man ein Ergebnis, das sich wirklich leicht als eine „These" zusammenfassen lässt. Vielleicht geht ihr aber auf dem Weg der Universität weiter und bewerbt euch eventuell einmal um ein Stipendium für eine Dissertation. In diesem Fall ist es nicht schlecht, für den Fall der Fälle etwas wie eine These in petto zu haben. Auf jeden Fall ist es nicht unwichtig, dass ihr euch bei eurer Fragestellung überlegt, welcher Art euer Ergebnis in Hinsicht auf eure Fragestellung überhaupt sein kann. Dann könnt ihr für euch selber und für andere auch besser vermitteln, wann eure Arbeit eine gelungene Arbeit ist und auf der Basis von welchen Kriterien ihr das meint.

* * *

Die Frage nach dem Sinn des Lebens für sich genommen ist bestimmt keine schlechte Frage, sie ist nur keine wissenschaftliche. Wie Weber, mit dem wir dieses Kapitel begonnen haben, ganz richtig bemerkt, können wir manche Einschränkungen beim wissenschaftlichen Arbeiten als einen Verlust erleben. Insbesondere, dass die Wissenschaft meistens normative Grundhaltungen – also wie wir leben sollten, was der Sinn des Lebens ist – zunächst einmal ausklammert, kann uns erst einmal enttäuschen. Vielleicht sind wir mit der Hoffnung an die Universität gegangen, gerade in die Geistes- und Kulturwissenschaften, dass wir solche Fragen dort stellen und vielleicht zumindest teilweise auch beantworten können. Auch wenn das nicht so ist, so meint zumindest Weber, können wir jedoch mit unseren Studien zu einer größeren Klarheit in diesen Fragen beitragen; wir können dazu beitragen, dass wir uns mit einer größeren Sicherheit als zuvor von uns selbst und unseren Werten Rechenschaft ablegen können – und das ist kein geringer Beitrag.

Wie lese ich Texte?

Ihr habt natürlich alle schon einmal Texte gelesen: die Zeitung, Romane, Sachbücher, Texte aus Schulbüchern und so weiter. Damit bringt ihr die grundsätzlichen Voraussetzungen mit, die ihr auch zum Lesen von Forschungsliteratur und Quellen braucht. Aber wissenschaftliche Texte so zu lesen, dass man auch etwas damit anfangen kann, setzt ein bisschen mehr voraus, vor allem Übung, die euch dieses Buch nicht abnehmen kann. Aber als jemand, der selber schon lange Jahre wissenschaftliche Texte gelesen hat, kann ich dennoch ein paar Hinweise geben, damit die Übung nicht so schwerfällt.

Zuallererst erscheint es mir wichtig, eines zu sagen: Lasst euch nicht zu schnell frustrieren! Es ist ganz normal, dass euch besonders in eher theoretischen oder philosophischen Bereichen viele Texte zunächst merkwürdig erscheinen werden und ihr vielleicht erst einmal gar nicht verstehen könnt, was euch dieser Text sagen will. Nicht selten liegt das nicht nur an euch, sondern auch an Wissenschaftler:innen, die als gelehrt erscheinen möchten (mich eingeschlossen) und dann bisweilen über das Ziel hinausschießen. In diesem Fall machen die Autor:innen solcher Texte es euch leider unnötig schwer, verstehen zu können, wovon der Text eigentlich handelt. Leider hilft es nichts, sich darüber aufzuregen. Wissenschaftler:innen versuchen nicht selten, durch die Wahl einer besonders gelehrten Sprache selber ebenfalls als gelehrt zu erscheinen. Häufig trägt diese Strategie auch wirklich zum Erfolg bei. Letztlich ist für Wissenschaftler:innen die Anerkennung im Wissenschaftssystem überlebenswichtig. Einen Teil dieser Anerkennung versuchen sie nicht selten dadurch zu erlangen, dass sie ihre Gewandtheit im Gebrauch der wissenschaftlichen Fachsprache zeigen.

Fachsprachen haben aber nicht nur diese soziale Funktion, sondern auch einen Nutzen in der Kommunikation wissenschaftlichen Wissens. Die verschiedenen Fachsprachen ermöglichen es, komplexe Zusammenhänge, die man sonst umständlich und lange ausführen müsste, ganz kurz auszudrücken. Es ist deshalb kein Wunder, dass ihr diese Fachsprachen zunächst lernen müsst wie eine Fremdsprache.

Es gibt noch andere Gründe, warum wissenschaftliche Texte für euch oft erst einmal rätselhaft wirken können: Sie bauen auf vorherigen wissenschaftlichen Texten auf. Wenn diese schon eine längere Zeit unter den Wissenschaftler:innen zirkulieren und sehr bekannt sind, dann gehen ihre Erkenntnisse in den allgemeinen Wissensstand ein, der für die Wissenschaftler:innen selbstverständlich scheint, für euch aber natürlich neu ist. In bestimmten Sparten der Kulturwissenschaften ist es beispielsweise ganz selbstverständlich geworden, davon auszugehen, dass Wissen „konstruiert" ist. Damit meinen Wissenschaftler:innen unter anderem, dass es keine unabhängige Instanz gibt, die dafür garantiert, dass ein bestimmtes Wissen auch tatsächlich wahr ist (ich diskutiere das jetzt hier nicht). Gleichgültig, wie ihr euch dazu stellen wollt, wird euch diese Position sehr wahrscheinlich in einigen Texten wieder begegnen. Möglicherweise lest ihr so etwas wie: „Die Konstruktion des Kindes im 19. Jahrhundert hatte sich noch nicht so entwickelt, das von einer eigenen Sphäre der ‚Kindheit' ausgegangen wurde." Diese fiktive Autorin kennt damit die Diskussion über die Konstruktion von Wissen und allgemein sozialer Realität und benutzt das Vokabular, ohne aber darauf noch einmal hinzuweisen; für sie ist das so selbstverständlich, dass es nicht extra erwähnt werden muss. Das ist ein bisschen so wie bei Zutaten beim Kochen: Wenn ihr jemandem ein Rezept geben wollt, und in dem Rezept kommen Zutaten vor, bei denen ihr glaubt, dass der andere sie kennt, würdet ihr auch nicht noch einmal erklären, was es ist. Nudeln sind eben Nudeln. Aber wenn eine Zutat benötigt wird, bei der ihr glaubt, dass der andere sie vielleicht nicht kennt, werdet ihr ein wenig erklären, was es damit auf sich hat. Nicht jeder weiß, was „Kala Namak" ist und wo man es bekommt. Da müsstet ihr also etwas erklären. Wissenschaftler:innen, und besonders solche, die sich viel mit Texten beschäftigen und Texte schreiben, sind manchmal ein bisschen vergleichbar mit jungen Köch:innen, die ihre Rezepte nicht für die Allgemeinheit schreiben, sondern um wenigen Starköchen zu imponieren. Denen muss man natürlich nicht noch einmal erklären, was „Kala Namak" ist (das ist, nebenbei, ein bestimmtes Salz).

Narratives und diskontinuierliches Lesen

Es gibt einen schönen Artikel von Carlos Spoerhase, der in der *Frankfurter Allgemeinen Zeitung* erschienen ist und der sich mit der Frage befasst, wie Geisteswissenschaftler:innen eigentlich lesen. In diesem Artikel unterscheidet Spoerhase das „narrative" (von „narrare" = erzählen) Lesen vom geisteswissenschaftlichen, diskontinuierlichen (unterbrochenen) Lesen. Vielleicht habt ihr bisher eher narrativ gelesen. Das heißt, ihr habt ein Buch auf der ersten Seite aufgeschlagen und es dann durchgelesen bis zur letzten Seite. Ihr habt das Buch, ganz zu Recht, wie eine lange zusammenhängende Erzählung über einen Gegenstand betrachtet. Wenn ihr jetzt in die Geistes- oder Kulturwissenschaft eintaucht, dann werdet ihr feststellen, dass euch eine solche Art des Lesens sehr oft vollständig überfordern würde. Es gibt viel zu viele Bücher und es ist gar nicht möglich, sie alle narrativ zu lesen. Spoerhase zeigt, warum das kein Problem ist, sondern einfach zur Arbeitsweise der Geisteswissenschaften gehört, und das kann ohne Probleme auch auf die Kulturwissenschaften übertragen werden. Er nimmt im Zitat auf die Unterscheidung von „Quellen" und „Forschungsliteratur" Bezug, die besonders in der Geschichtswissenschaft wichtig ist:

> „Auch innerhalb der Geisteswissenschaften sind die Praktiken des Lesens nämlich vielfältiger. Es wird in ihnen nicht alles vollständig gelesen und schon gar nicht alles mehrfach. Dies allein schon deshalb, weil ein beachtlicher Teil des Arbeitspensums gar nicht von der Lektüre der Quellen, sondern von der Beschäftigung mit Forschungsliteratur geprägt ist. Diese wird häufig weder integral noch mehrmalig gelesen. Aber selbst für das Buch als Untersuchungsobjekt gilt, dass es keineswegs immer vollständig und wiederholt gelesen wird.
>
> Weshalb sollte man Bücher überhaupt an einem Stück von Anfang bis Ende lesen? Und das auch noch mehrfach? Wie Peter Stallybrass in seinem wegweisenden Aufsatz über ‚Bücher und Rollen' als Lektüremedien zeigt, nutzen geisteswissenschaftliche Lektürepraktiken gerade das Potential, das der Kodex für ein diskontinuierliches Lesen bietet. Die akademische Lektüre ist ein permanentes Hin- und Herblättern. Ein intensives Arbeiten mit Inhaltsverzeichnissen und Registern. Ein konstantes Unterbrechen der Lektüre, um zu unterstreichen und zu annotieren. Geisteswissenschaftler sind Spezialisten für diskontinuierliche Lektüre."[8]

8 Carlos Spoerhase, „Lese lieber ungewöhnlich", *Frankfurter Allgemeine Zeitung*, 3. November 2015.

Man kann das auch so ausdrücken, dass sowohl Forschungsliteratur als auch Quellen in den Geistes- und Kulturwissenschaften häufig weniger *gelesen*, sondern eher *verwendet* werden. Wofür ihr einen Text verwendet, solltet ihr euch vorher überlegen. Auch wenn ihr im Seminar einen Text lest, den ihr nicht selbst gewählt habt, solltet ihr darüber nachdenken, im Rahmen welcher Fragestellung der Text ein interessanter Beitrag sein könnte. Ohne dass ihr euch vorher Gedanken darüber macht, warum ihr einen bestimmten Text lest, zu welcher Erkenntnis er euch verhelfen kann, werden euch viele Texte eures Studiums wahrscheinlich rätselhaft und langweilig erscheinen. Und manchmal wird es auch so sein, wenn ihr in ein so spezifisches Forschungsfeld einsteigt, dass selbst ein bisschen Arbeit von euch nötig sein wird, um überhaupt zu verstehen, warum eine bestimmte Fragestellung innerhalb eines Forschungsfeldes Sinn ergibt. Nochmal: Das ist nichts, was sich an einem Tag erledigen lässt, sondern braucht Zeit, Übung und vor allem ein aktives Interesse von euch. Wenn ihr nicht aktiv eine Perspektive auf die Texte eures Studiums einnehmt, dann werden viele dieser Texte auch nicht interessant für euch sein.

Es ist bei wissenschaftlichen Texten nicht oft so, dass ein Buch oder ein Aufsatz euch nach dem zweiten Kapitel zu fesseln beginnt wie ein Krimi. Der Krimi entsteht, um im Bild zu bleiben, erst durch euer Zutun, eure Aktivität, dadurch, dass ihr Fragen habt, für deren Beantwortung das Lesen von bestimmten Texten nötig ist. Dann wird es auch wieder so sein, dass diese Fragestellungen genau durch das Lesen dieser Texte verändert oder bereichert werden.

Vielleicht interessiert ihr euch dafür, warum die Vorstellung, dass es genau zwei Geschlechter gebe, für viele Menschen so problematisch ist. Möglicherweise stoßt ihr dann schnell auf die Texte von Judith Butler,[9] die eine sehr bekannte Kritikerin der Idee

9 Judith Butler hat zentrale Texte für die feministische Theoriebildung geschrieben. In der feministischen Theorie ist sie durch ein Buch bekannt geworden, in dem sie zwischen *sex*, dem biologischen Geschlecht, und *gender*, dem gesellschaftlich konstruierten Geschlecht, unterscheidet. Die These, die für viel Aufsehen und sehr kontroverse Diskussionen geführt hat, war, dass beides, das biologische und das soziale Geschlecht, sex und gender, „konstruiert" sind, d. h. dass sie historischen und sozialen

ist, dass es nur zwei Geschlechter gebe, und ihr lernt ihre Argumente kennen. Ihr fragt euch vielleicht, wie die Idee entstanden ist, dass bestimmte Hormone – Testosteron und Östrogen – mit bestimmten Geschlechtern zusammenhängen, dass es „männliche" und „weibliche" Hormone gibt. Dann stoßt ihr vielleicht auf die Forschungen von Anne Fausto-Sterling, die dies wissenschaftshistorisch untersucht hat.[10] Und aus eurem anfänglichen Interesse für die Problematiken des Zweigeschlechtermodells entwickelt sich vielleicht ein Interesse an der Geschichte der Wissenschaften, die diese Zweigeschlechtermodelle unterstützt haben. Ohne euer anfängliches Interesse wäre gar nichts passiert und ihr hättet vielleicht auch überhaupt nicht viel aus der Lektüre dieser Bücher mitgenommen.

Eine weitere Bemerkung: Wenn ihr einen wissenschaftlichen Text lest, dann ist aus den beiden Vorbemerkungen klar, dass dieser Text oft nicht alle Informationen enthält, die nötig sind, um ihn zu verstehen. Wie gesagt kann das auch einmal an der Mangelhaftigkeit der Texte liegen, ist aber häufig einfach deshalb so, weil die Art, Fragen zu stellen, überhaupt die Themen und die Ergebnisse früherer Forschungen für euch noch unbekannt sind. Ein wissenschaftlicher Text steht deshalb nicht für sich alleine, sondern ist nur im Zusammenhang mit vielen anderen Texten verständlich. Wissenschaftliche Texte sind Texte, mit denen ihr *arbeitet*, ihr braucht dafür Hilfsmittel, Zeit und eine aktive, fragende Lesehaltung. Es liegt nicht an mangelnder Intelligenz, wenn ihr einen aktuellen Aufsatz aus der Philosophie nicht versteht, für den ihr euch interessiert. Das hängt einfach damit zusammen, dass ihr sehr viele Fachtermini, die darin vorkommen, nicht versteht und die Diskussion nicht kennt, auf die sich der Aufsatz bezieht.

Und so etwas wie ein vollkommenes Verstehen wird es deshalb letztlich auch nicht geben, sondern immer eine Erweiterung, je mehr von dem Netzwerk ihr kennt, in dem ein Text steht. An ir-

---

Veränderungen unterliegen. Judith Butler, *Gender Trouble. Feminism and the Subversion of Identity* (New York u. a.: Routledge, 1990). Das Buch ist auch auf deutsch übersetzt: Judith Butler, *Das Unbehagen der Geschlechter* (Frankfurt am Main: Suhrkamp, 1991).

10 Anne Fausto-Sterling, *Sexing the Body. Gender Politics and the Construction of Sexuality* (New York: Basic Books, 2000).

gendeinem Punkt dieses Netzwerks klinkt ihr euch mit eurer Lektüre ein und beginnt eure Reise, die am Anfang vermutlich etwas beschwerlich ist. Meistens werdet ihr also nicht nur diesen Text lesen, sondern zusätzlich noch recherchieren müssen, um offene Fragen, unbekannte Begriffe oder Ereignisse nachzuschlagen (→ Kapitel Recherche). Manchmal werdet ihr beim Lesen vielleicht den Eindruck gewinnen, dass es euch unnötig schwer gemacht wird und das ist auch bisweilen der Fall.

Nehmt euch also die Zeit, euch, bevor ihr einen Text lest, zu fragen, warum ihr ihn lest und mit welchem Ziel. Manchmal kann es helfen, kurz einige Informationen über die Autorin zu recherchieren, um einordnen zu können, zu welchen Problemen sie sich geäußert hat, ob es sich um einen sehr bekannten Text handelt oder ob er eher unbekannt ist. Fragt euch, was eigentlich das Problem des Textes ist, auf welche Fragestellung er antwortet. Nicht selten wird es so sein, dass ein Text auf die Position von anderen Texten reagiert. In diesem Fall wird es das Verständnis dieses Textes auf jeden Fall erleichtern, wenn ihr dazu recherchiert, was das für andere Positionen sind, d. h., wogegen sich der Text eigentlich wendet oder für was er sich einsetzt.

Exzerpte, Rezensionen und Abkürzungen

Exzerpte sind wichtige Arbeitsmittel in den Geistes- und Kulturwissenschaften. Ein Exzerpt (von lateinisch *excerpere*, etwa „herausziehen") ist ein Text, den ihr selbst verfasst, und der euch dabei helfen soll, euch später an den Inhalt bestimmter Texte zu erinnern.

Exzerpieren ist sehr wichtig. Es kann vielleicht gelingen, eine kürzere Hausarbeit ohne Exzerpte zu schreiben, aber für eine Abschlussarbeit ist es wirklich unumgänglich, dass ihr euch eine Methode zurechtlegt, wie ihr euer Material organisiert und so aufbereitet, dass ihr euch beim Schreiben der Arbeit an Texte erinnert, die ihr vielleicht am Anfang gelesen habt. Dafür gibt es sehr unterschiedliche Methoden und es ist wichtig, dass ihr diejenige findet, die am besten zu eurer Art des Arbeitens passt. Auch wenn es kein allgemein gültiges Rezept gibt, lassen sich doch einige Tipps geben, auf was ihr auf jeden Fall achten solltet.

Zunächst möchte ich aber wieder zurückblicken. Das Exzerpieren gehört spätestens seit der Erfindung des Buchdrucks mit beweglichen Lettern durch Johannes Gutenberg[11] im 15. Jahrhundert zu den zentralen Erkenntnismitteln jeder Wissenschaft, die sich mit Texten befasst und sicher auch vieler anderer Wissenschaften. Seit dieser Zeit, also seitdem eine größere Gruppe von Menschen Zugang zu mehr Texten hat, gibt es immer mehr Möglichkeiten, Bücher zu lesen. Deshalb wird es verständlicherweise immer schwieriger, sich genau zu merken, wo man was gelesen hat. Denn das Gedächtnis lässt uns häufig im Stich. Zwar werden in der Geschichts- und Kulturwissenschaft materielle Artefakte immer wichtiger und es gibt auch Bilder als Quellen. Trotzdem werden Texte in Zukunft immer noch zu den ganz zentralen Wissensmedien gehören. Neben dem richtigen Lesen von Texten ist es deshalb besonders wichtig, dass ihr Strategien habt, wie ihr das Gelesene so notiert, dass ihr es auch in Zukunft noch verstehen könnt und immer noch wisst, wo ihr das gelesen habt.

Das Wort „Exzerpt“ kommt wie gesagt aus dem Lateinischen und stammt vom Verb „excerpere“, das so etwas bedeuten kann wie „herausklauben“, „herausziehen“, „auslesen“. Ein Exzerpt gibt also das wieder, was ihr in einem bestimmten Text gelesen habt und es erlaubt, euch schnell wieder an das zu erinnern, was ihr an einem Text verstanden habt oder was an diesem Text wichtig für euch war. Was ihr genau an einem Text exzerpiert, hängt sehr stark davon ab, warum, aufgrund welcher Fragestellung ihr diesen Text lesen möchtet. Vielleicht wollt ihr nur bestimmte Informationen haben, irgendwelche historischen Daten etwa, vielleicht interessiert ihr euch aber auch für das Argument dieses Textes oder ihr wollt Zitate sammeln, die eure Thesen belegen. Je nachdem wird euer Exzerpt natürlich auch anders aussehen. Weil ihr Texte aufgrund von euren Fragestellungen lest, kann es deshalb auch sein, dass euer Exzerpt wirklich nur für euch verständlich ist. Wenn wir unsere Exzerpte manchmal weitergeben, dann kann es vorkommen, dass andere sie nicht verstehen. Das ist überhaupt nicht schlimm, solange ihr die Exzerpte in der Zukunft selber verstehen könnt.

---

11 Johannes Gutenberg (1400–1468). Durch die von Gutenberg entwickelte Drucktechnik konnte schneller und günstiger produziert werden, was eine Voraussetzung dafür war, dass Bücher für eine breitere Käufer:innenschicht erschwinglich wurden.

Sobald ihr ein Exzerpt für euch verfasst, seid ihr also grundsätzlich frei, dies auf die Weise zu tun, die für euch am nützlichsten ist. Es gibt dennoch einige Tipps, was ihr grundsätzlich beachten solltet:

- Ihr solltet euch unbedingt bibliographisch korrekt notieren, welchen Text ihr exzerpiert (→ Kap. *Zitieren, Bibliographieren, Argumentieren*). Es ist unglaublich nervig, wenn ihr ein Exzerpt anfertigt und hinterher bspw. nicht mehr wisst, welche Ausgabe ihr verwendet habt. Manche Bücher von bekannten Autor:innen erscheinen beispielsweise in mehreren Auflagen, so dass hinterher nicht mehr klar ist, worauf sich Seitenangaben im Exzerpt beziehen. Dann stimmen die Seitenzahlen nicht mehr und man muss möglicherweise umständlich in verschiedenen Ausgaben desselben Textes die korrekten Zitate suchen. Deshalb: Notiert euch im Exzerpt genau, welches Buch ihr verwendet habt!
- Macht in dem Exzerpt deutlich, welcher Text von euch stammt und welche Passagen ihr direkt aus dem Text zitiert! Üblicherweise werden Zitate aus Texten mit Anführungsstrichen markiert und es gibt eigentlich keinen Grund, warum ihr dies nicht auch in Exzerpten tun solltet. Für mich ist es in Exzerpten außerdem oft hilfreich, zwischen meinen eigenen Kommentaren zum gelesenen Text und der inhaltlichen Wiedergabe des Gelesenen zu unterscheiden. Manchmal notiere ich mir etwa bei komplizierten theoretischen Texten die Hauptargumente mit nummerierten Einzelschritten. Wenn ich dann meine eigenen Gedanken dazu notiere (ob ich das Argument plausibel finde bspw.), dann tue ich das in Kursivschrift oder in einer anderen Farbe.
- Notiert euch die Seitenzahlen von direkten und indirekten Zitaten! Das Exzerpt dient zum einen dazu, dass ihr euch später an den Text erinnert. Zum anderen dient es dazu, dass ihr den Text später schneller und ohne ihn selber noch einmal lesen zu müssen in eurer Hausarbeit oder Abschlussarbeit zitieren könnt. Dafür müsst ihr wissen, auf welcher Seite direkte oder indirekte Zitate stehen. Wenn ihr das gleich notiert, spart ihr euch später sehr viel Arbeit und Ärger.

Exzerpte wurden in der Geschichte nicht nur für den eigenen Gebrauch geschrieben, sondern haben auch eine wichtige Rolle dabei gespielt, Wissen zu verbreiten. Auch ich gebe Exzerpte an

Kolleg:innen weiter, wenn sie für sie nützlich sein können (und wenn mir die Kolleg:innen sympathisch sind). So könnt ihr auch heute noch die Exzerpierarbeit anderer Forscher:innen für euch nutzen, um euch einen Überblick über die Forschung zu verschaffen.

Seit Bücher also in immer größerer Zahl auf den Buchmarkt kommen, war es für Leser:innen immer wichtiger, sich schnell informieren zu können. Auch das gehört zu den Lesetechniken und zu den Mitteln, sich einem sehr großen Angebot an Texten zu stellen. Hans-Jürgen Lüsebrink hat schon vor längerer Zeit einen interessanten Aufsatz über ein Buch aus dem 18. Jahrhundert geschrieben, die *Histoire des deux Indes* (dt. *Geschichte beider Indien*), ein Bestseller, der ganz zentral für die Aufklärungsphilosophie gewesen ist, weil darin die Sklaverei und der Rassismus der europäischen Herrschaft kritisiert werden.[12] Schon im 18. Jahrhundert war es jedoch so, dass mehr Bücher erschienen sind, als eine Leserin kognitiv verarbeiten konnte, so dass es sehr schwierig war, immer auf dem neuesten Stand zu sein. Lüsebrink erzählt so, dass es ganz wesentlich für die Verbreitung des Werkes war, das in verschiedener Form „Auszüge" der *Geschichte beider Indien* zirkulierten. Diese Exzerpte haben es den Leser:innen ermöglicht, sich schnell über den Inhalt zu informieren, ohne das ganze Buch lesen zu müssen. Den Grund dafür haben schon die Zeitgenossen gesehen. Lüsebrink zitiert hier einen Autor aus dem 18. Jahrhundert folgendermaßen:

> „Die ganze Welt möchte gelehrt sein oder so erscheinen. Doch möchte man sich mit dem kleinstmöglichen Aufwand informieren. Es gibt viele Bücher, die sich zurecht einer großen Berühmtheit erfreuen, die viele Gelehrte und Menschen, die vom Stand her keine Gelehrte sind, kennen möchten, doch sie fürchten, die Lektüre zu beginnen, weil sie zu umfangreich sind."[13]

Wenn ihr also Leuten begegnet, die scheinbar alles gelesen haben, was es zu lesen gibt, dann haben sie vielleicht einfach nur klug auf bestimmte Hilfsmittel zurückgegriffen. Es gibt natürlich auch

---

12 Guillaume-Thomas Raynal und Denis Diderot, *Histoire philosophique et politique des établissemens & du commerce des européens dans les deux Indes* (Amsterdam, 1770).

13 Hans-Jürgen Lüsebrink, „L'Histoire des deux Indes et es extraits. Un mode de disperion textuelle au XVIIIe siècle", *Littérature* 69 (1988): 29. Übersetzung L. S.

sehr gelehrte Menschen, die wirklich unglaublich viel gelesen haben, aber ganz ohne die verschiedenen Abkürzungsmöglichkeiten kommt vermutlich niemand aus. Sie zu nutzen, ist ein Bestandteil des wissenschaftlichen Arbeitens. Falls ihr bei der Verwendung solcher Abkürzungen auf Werturteile über Bücher stoßt, die ihr nicht selbst gelesen habt, solltet ihr sie allerdings nicht vorschnell übernehmen.

Das Informationssystem über den Inhalt von Büchern aus dem 18. Jahrhundert gibt es auch heute noch, wenngleich es sich an anderen Stellen findet. Wenn ihr euch rasch über den Inhalt und die hauptsächlichen Thesen eines Buches informieren wollt, das zu umfangreich ist, um es rasch zu lesen, könnt ihr euch an *Rezensionen* orientieren. Rezensionen haben nicht nur den Vorteil, dass eine Forscherin euch einen raschen Einblick in den Inhalt eines Buches verschafft, mehr noch: Wenn es sich um gut geschriebene Rezensionen handelt, dann ordnen sie das Buch überdies noch in die Forschungstradition dieses Forschungsfeldes ein. Wie gesagt: wenn, es eine gute Rezension ist. Man muss natürlich ein wenig vorsichtig mit Rezensionen umgehen, denn nicht selten werden gerade Rezensionen dazu genutzt, Forschungsfehden auszutragen, sind also von Konkurrenz von Forscher:innen untereinander geprägt, oder sie sind einfach nicht gründlich geschrieben. Eine Hilfe kann es sein, eure Rezensionen von anerkannten Rezensionsportalen zu beziehen, die es für verschiedene Fächer gibt. Wenn ihr nicht wisst, welches Portal für euch relevant ist, fragt einfach eure Lehrperson. Ein bekanntes Portal für Historiker:innen und verwandte Geisteswissenschaften ist beispielsweise H/Soz/Kult (https://www.hsozkult.de). Es ist natürlich nicht in jedem Einzelfall garantiert, dass die Rezensionen nur die lautere Wahrheit über ein Buch verraten. Aber zumindest wurden sie von einer fachlich ausgebildeten Redakteurin geprüft und von ebenso fachlich ausgebildeten Autor:innen geschrieben. Die Chancen stehen also schon einmal nicht schlecht. Ähnliche Fachportale gibt es genauso für andere Geistes- und Kulturwissenschaften und ihr könnt euch sicher rasch selbst informieren, wo ihr sie findet.

Eine andere Möglichkeit, sich rasch einen Überblick über ein Forschungsgebiet zu verschaffen, ist, die Arbeit von anderen Wissenschaftler:innen aus ihren wissenschaftlichen Publikationen für sich zu nutzen. In fast allen Doktorarbeiten findet sich beispielsweise ein entsprechender Abschnitt über den Forschungsstand und da die Autor:innen dieser Bücher häufig jahrelang zu den Themen geforscht haben, lässt sich hoffen, dass sie sich auch mit den Forschungen auskennen. Wenn ihr also wissen möchtet, was in den letzten Jahren zu einem bestimmten Thema geforscht wurde, was einzelne Autor:innen für Thesen vertreten haben und welche Forschungsbeiträge zentral waren, ist es oft nützlich, sich eine Dissertation (= Doktorarbeit) im entsprechenden Feld zu suchen und den Abschnitt „Forschung", „Forschungsstand" o. ä. in der Einleitung zu lesen. Ihr seht: Auch hier geht es darum, ein Buch nicht von vorne bis hinten zu lesen, sondern es zu einem bestimmten Zweck zu *benutzen*.

Gleichgültig, was ihr lest, es wird immer wichtig sein, sich in irgendeiner Weise zu notieren, dass und was ihr gelesen habt. Diese Techniken wurden wie gesagt seit der Zeit immer wichtiger, als es genügend günstige Schreib- und Beschreibmaterialien gab, so dass zum einen viele Bücher gedruckt werden konnten und zum anderen dann eben auch gelesen wurden. Das Verhältnis von intensivem, also konzentriert auf einen Text bezogenen, und extensivem, also auf viele verschiedene Texte und ihre Bezüge untereinander, gerichtetem Lesen wird sich in dieser Zeit ganz wesentlich verändert haben. Deswegen habe ich oben Gutenberg erwähnt: Die Erfindung des Buchdrucks mit beweglichen Lettern im 15. Jahrhundert hat es sehr viel günstiger gemacht, Texte zu vervielfältigen. Andererseits war die Verwendung neuer und günstigerer Materialien die Voraussetzung dafür, dass Texte deutlich öfter gedruckt und für mehr Menschen verfügbar werden konnten.

Nun werden alle diese Strategien, sich einen Überblick über Bücher zu verschaffen, die man nicht gelesen hat, am Ende nicht davon ablenken können, dass ihr irgendwann die Texte auch wirklich lesen wollt.

Schnelles und langsames Lesen

Wenn ihr einen bestimmten Text lest, dann hilft es häufig, wenn ihr euch vorher Gedanken darüber macht, ob ihr diesen Text langsam oder schnell lesen möchtet. Schnelles Lesen ist eine Fähigkeit, die euch im weiteren Studium helfen kann, euch rasch über den ungefähren Inhalt eines Texte zu informieren. Das bedeutet nicht, oder nicht ausschließlich, dass ihr den Text nicht gründlich lest. Natürlich werdet ihr euch beim schnellen Überfliegen eines Textes nicht mit jedem Detail befassen können. Doch das ist beim schnellen Lesen auch gar nicht das Ziel. Das Ziel kann vielmehr etwa darin bestehen, die Hauptargumente eines Textes zu finden, herauszufinden, ob der Text für eure Fragestellung überhaupt interessant ist, ob sich vielleicht Einzelpassagen im Text finden, die relevante Informationen enthalten und so weiter. Überfliegen von Texten ist selber eine Lesetechnik, die ihr einüben müsst. Ihr werdet nach und nach darin besser werden. Und auch hier ist es so, dass ihr natürlich desto leichter Texte überfliegen könnt, je mehr ähnliche Texte ihr schon gelesen habt. Dadurch erhöht sich nämlich der Anteil an schon bekannten Inhalten und der Bestandteil an unbekannten Passagen wird verringert. Um das Überfliegen zu üben, ist es hilfreich, es zu praktizieren. Wenn ihr Texte überflogen habt, dann nehmt euch die Zeit, darüber nachzudenken, was ihr vom Text verstanden habt. Notiert euch per Hand oder am Computer in einer kurzen Zusammenfassung, was euch an dem Text interessiert hat. Nicht immer, aber oft wird das darin bestehen, zu notieren, wofür der Text argumentieren möchte. Manchmal werdet ihr aber vielleicht auch nur ganz konkrete Informationen gesucht haben, die ihr euch hier notieren könnt.

Lest dabei immer mit einem Stift – ob er nun virtuell ist oder nicht. Denkt beim Lesen eines akademischen Textes immer daran, dass ihr hier etwas anderes tut, als wenn ihr früher einen Roman gelesen habt. Denkt darüber nach, warum, mit welcher Fragestellung oder welchem Interesse ihr den Text lest. Es hilft oft auch, wenn ihr euch Gedanken macht, warum und wie ihr Passagen anstreichen wollt. Vielleicht werdet ihr verschiedene Farben verwenden, oder noch etwas an den Rand schreiben.

Bei manchen Texten werdet ihr besonders am Anfang eures Studiums feststellen, dass ihr sie langsam lesen müsst. Denn gerade am Anfang habt ihr einfach noch keinen großen Erfahrungsschatz, auf den ihr zurückgreifen könnt und nicht selten sind fast alle Inhalte eines Textes für euch neu. Es ist jedoch auch beim langsamen Lesen häufig ein schlechter Rat, einen Text von Anfang bis zum Ende, Satz für Satz zu lesen. Versucht, euch zunächst einen Überblick über den Text zu verschaffen: Welche Teile hat er? Welche Teile sind für euch vielleicht nicht relevant? Welche Teile sind besonders relevant?

Und auch hier hilft es oft, den Text nicht chronologisch zu lesen. Fast alle Texte, zumindest wenn es sich um Forschungsliteratur handelt, haben eine Einleitung und einen Schluss. In diesen Teilen fassen die Autor:innen zusammen, was sie vorhaben und im Schluss werden häufig die hauptsächlichen Argumente noch einmal zusammengefasst. So könnt ihr euch kurz darüber informieren, was ein Text überhaupt will, warum eine bestimmte Autorin einen Text eigentlich geschrieben hat.

Wenn ihr nach einem solchen distanzierten Blick auf den Text festgestellt habt, dass dies ein wichtiger Text ist, den ihr langsam lesen möchtet, entweder um ihn zu verstehen oder weil er so viele relevante Informationen enthält, dann kann es wirklich sinnvoll sein, nun die wichtigen Passagen Satz für Satz, manchmal Wort für Wort zu lesen. Diese Lektüre ist sehr zeitraubend und kann in manchen Fällen dazu führen, dass die Lektüre einzelner Sätze sehr lange dauert. Besonders bei komplexen theoretischen Texten ist dies oft so. Denn hier geht es oft wirklich darum, die einzelnen Argumente im Detail nachzuvollziehen, manche antiquierte Wörter nachzuschlagen, die verworrene Grammatik von Sätzen zu entwirren etc. Verschiedene Leser:innen haben verschiedene Strategien mit solchen komplizierten Texten beim langsamen Lesen umzugehen. Mir selbst hat in meiner Leseerfahrung bislang Folgendes geholfen:

- Besonders schwierige Passagen langsam laut vorlesen! Das geht leider nicht, wenn ihr in einer Bibliothek arbeitet, was ich ansonsten sehr empfehlen kann. Das laute Vorlesen hat den Vorteil, dass ihr wirklich jedes Wort lest, so dass ihr auch solch Wörter lest, die ihr vielleicht erst einmal nicht versteht, die aber beim leisen Lesen stillschweigend übersprungen werden. Dann wird es oft leichter, diese Worte, Satzteile etc. nachzuschlagen.
- Komplexe Textteile detailliert und in eigenen Worten exzerpieren! Häufig ist die Sprache von komplexen Texten so weit entfernt von der Sprache, die wir normalerweise in unserem Alltag sprechen, dass ihr diese Texte fast „übersetzen“ müsst.
- Hilfe holen! Bei bekannteren Texten gibt es oft schon Kommentare und Lektürehilfen. Der Umgang mit diesen Texten ist nicht einfach. Denn es ist nicht ungewöhnlich, dass sie Interpretationen von Texten liefern, die selber strittig sind. Ihr könnt solche Texte also zum eigenen Verständnis nutzen und solltet dies auch tun. Glaubt ihnen allerdings nicht einfach so, sondern prüft, ob die Deutungen von Texten jeweils wirklich sinnvoll sind. Seid ruhig mutig! Viele Interpretationen von Texten sind angreifbar

und es ist Teil eures Studiums, dass ihr lernt, eigene Positionen einzunehmen.

Was ist ein Argument?

Die wissenschaftlichen Texte, die ihr lesen werdet, enthalten alles Mögliche: Informationen über Sachverhalte wie beispielsweise Jahreszahlen, biographische Details, Schilderungen literarischer Art, Tabellen und vieles mehr. Wissenschaftliche Texte enthalten auch Argumente. Ein Argument soll davon überzeugen, dass eine bestimmte Aussage stimmt, dass sie wahr ist. Ihr werdet in eurer Unikarriere manchmal auf die Forderung stoßen, dass ihr ein „Argument" zusammenfassen sollt. Meistens meinen diejenigen, die das von euch fordern, dass ihr wiedergeben sollt, was ein Text zeigen möchte und auf welchem Weg er nahelegen möchte, dass das auch stimmt. Dies stimmt oft nicht mit dem überein, was eine Logikerin von euch wollen würde, wenn sie so etwas forderte. Um zu wissen, was konkret von euch gefordert ist, müsst ihr euch mit eurer Fachkultur vertraut machen. In bestimmten Fächern spricht man etwa auch von „ästhetischen Argumenten" oder „filmischen Argumenten". Ich bin mir nicht sicher, ob all diesen unterschiedlichen Arten, wie das Wort „Argument" verwendet wird, ein gemeinsamer Bedeutungskern zugrundeliegt. Ich habe aber den Eindruck, dass in den meisten Fällen gesagt werden soll, dass ein Argument dazu dient, dass ihr von irgendetwas, oft einer Aussage, überzeugt werden sollt. Im Folgenden möchte ich mich darauf beschränken, nur von solchen Argumenten zu sprechen, die aus sprachlichen Aussagen bestehen und die anderen lasse ich beiseite (nicht, weil ich denke, dass sie unwichtig sind, sondern weil ich mich hier einfach nicht gut auskenne).

Wenn ihr ein gutes Argument habt, dann denkt ihr vielleicht, dass ihr jetzt alle anderen von etwas überzeugen könnt. Für mich war es in meiner Erfahrung im Umgang mit Argumenten, die ich für gute Argumente hielt, manchmal frustrierend, zu merken, dass es auch an der Uni keine Erfolgsgarantie ist, gute Argumente in der Hand zu haben. Die Antwort auf die Frage, warum die Menschen etwas glauben oder es von sich weisen, ist meistens komplex. Häufig liegt es zumindest nur zum Teil daran, dass jemand ein Argument nicht verstanden hat, wenn sie oder er eure Überzeugung nicht teilt. Wenn es anders wäre, dann bestünde das menschlichen Zusammenleben lediglich daraus, sich möglichst klar auszudrücken und Missverständnisse auszuräumen. Manche Philosoph:innen haben in der Tat die Ansicht vertreten, dass ein großer Teil von Meinungsverschiedenheiten auf Missverständnissen beruht. Und manchmal kann es in der Tat sein, dass es hilfreich ist, ein Argument im Detail nachzuvollziehen. Vielleicht wird es euch am Ende sogar überzeugen.

Viele Wissenschaftler:innen haben sich bereits mit der Frage befasst, was Argumente im Allgemeinen sind und was gute Argumente im Besonderen ausmacht. Eine Disziplin, die sich besonders ausführlich mit Argumenten befasst, ist die Logik. Wenn ihr euch näher mit diesem hochinteressanten Gebiet beschäftigen möchtet, empfehle ich euch, einmal einen Blick in das Einführungsbuch von Wolfgang Detel zu werfen.[14] Es ist gut und verständlich geschrieben. Für das folgende Unterkapitel habe ich mir in der Tat Hilfe bei einem Logikprofessor geholt, der geprüft hat, ob ich großen Unsinn erzähle.[15] Für Fehler, die jetzt immer noch enthalten sein sollten, bin natürlich allein ich verantwortlich.

Argumente aus Sicht der Logik

Was ist ein Argument aus Sicht der Logik und was ist überhaupt Logik? Logik hat viele Facetten und viele Teilbereiche, die sich in unterschiedlicher Weise damit befassen, wie Menschen (oder auch andere vernünftige Wesen) schlussfolgern können. Ein gültiges Argument ist eine solche vernünftige Schlussfolgerung. Wenn ihr Logik studiert, dann würdet ihr euch damit beschäftigen, welche Mittel es gibt, um zu prüfen, ob eine Schlussfolgerung gültig ist.

Argumente kann man in bestimmten Hinsichten mit Beweisen vergleichen. Der Philosoph Paul Feyerabend hat einmal eine schöne Beschreibung von Beweisen geliefert: Er meinte, dass die antiken Griechen durch „[d]ie Entdeckung von Stories, die ganz von selbst einem bestimmten Ende zustreben“[16] eine neue Form des Redens entdeckt hätten. Diese „Stories, die ganz von selbst einem bestimmten Ende zustreben“ sollen plausibel machen, dass eine

---

14 Wolfgang Detel, *Logik. Grundkurs Philosophie 1* (Stuttgart: Reclam, 2007).

15 An dieser Stelle vielen Dank an Niko Strobach aus Münster.

16 Paul Feyerabend, *Wissenschaft als Kunst* (Frankfurt am Main: Suhrkamp, 1984), 64.

bestimmte Annahme „aus der Natur der Sache selbst" folge und nicht einfach darauf beruht, dass jemand daran glaubt. Diejenigen, die dem Argument folgen, wenn es ein gutes Argument ist, müssen auch die Behauptung glauben, für die es ein Argument ist.

Ganz allgemein besteht ein Argumente aus Sicht der Logik dabei aus „Prämissen" und einer „Konklusion". Die Prämissen sind die Aussagen, die die Konklusion begründen sollen. Die Konklusion ist die Aussage, die begründet werden soll. Die Logik hat viele feine Werkzeuge entwickelt, um Argumente übersichtlich darzustellen und Formen von Argumenten zu sortieren, was ich hier nicht tun werde. Falls ihr beim Lesen des Abschnittes merkt, dass die Logik in euch eine Saite zum Klingen bringt, dann kann ich wirklich empfehlen, euch damit mehr zu beschäftigen. Mir hat es im Studium immer Spaß gemacht und ich glaube, dass ich insgesamt etwas für die Strukturierung und das Verständnis von Argumenten gelernt habe. Das bleibt auch dann so, wenn ich die formalen Werkzeuge, die die Logik erfunden hat, nicht mehr verwende.

Prämissen und Konklusionen

Argumente bestehen also aus Aussagen und sollen dazu beitragen, dass jemand eine bestimmte Aussage akzeptiert. Letzteres, also die Aussage, die wir begründen wollen, heißt *Konklusion*; ersteres, also die Aussagen, mit denen wir die Konklusion glaubhaft machen möchten, sind die *Prämissen*. Manchmal hilft es, sich Argumente in der Form einer Wenn-dann-Struktur vorzustellen: Wenn Du meinst, dass dies und jenes stimmt, *dann* musst Du auch zugeben, dass diese Aussage stimmt. Es gibt sehr viele Arten von Argumenten.

Ein Beispiel für ein deduktives Argument – in der Philosophie ein Schulbeispiel – ist:

Sokrates ist ein Mensch.	Prämisse
Alle Menschen sind sterblich.	weitere Prämisse
Also ist Sokrates sterblich.	Konklusion

Hier handelt es sich um eine bestimmte Form von Argumenten, nämlich um ein *deduktives* Argument. Wenn wir hier die Wahrheit der Prämissen akzeptieren, müssen wir auch die Konklusion als wahr akzeptieren. Ihr könnt das Argument natürlich auch angreifen, indem ihr die Wahrheit der Prämissen bezweifelt: Vielleicht war Sokrates kein Mensch? Vielleicht sind nicht alle Menschen sterblich? Bei deduktiven (und natürlich formal korrekten) Argumenten ist es jedenfalls so, dass die Wahrheit der Prämissen die Wahrheit der Konklusion *garantiert*.

Das ist nicht so bei der anderen Form von Argumenten, den *induktiven Argumenten*. Hier ist es lediglich so, dass die Prämissen mehr oder weniger stark die Konklusion stützen. Je mehr Bestätigung ihr findet, desto wahrscheinlicher wird es, dass die Konklusion auch wahr ist. Es wird aber niemals so sein, dass die Wahrheit der Prämissen die Wahrheit der Konklusion garantiert, wie es für deduktive Argument der Fall ist.

Überzeugende Argumente

Ein überzeugendes Argument wäre nun eines, dessen Prämissen wahr wären und bei dem die Konklusion aus den Prämissen folgt oder durch sie zumindest sehr plausibel gemacht wird. Denn das ist ja nicht immer der Fall. Es kann zum Beispiel Argumente geben, bei denen zwar Prämissen und Konklusion wahr sind, bei denen aber die Konklusion nicht aus den Prämissen folgt. Wenn ich etwa sage: „Heute ist Montag und gestern habe ich Fisch gegessen, also ist zwei plus zwei gleich vier", dann können zwar alle Aussagen wahr sein, aber das Argument ist aus *formalen* Gründen dennoch kein gutes Argument. Denn hier folgt die Konklusion nicht aus den Prämissen. Das ist wirklich wichtig, im Kopf zu behalten: Wenn gezeigt werden kann, dass ein bestimmtes Argument formal nicht einwandfrei ist (man sagt dann: Es ist nicht *schlüssig* oder nicht *gültig*), dann folgt daraus noch nichts für die Wahrheit der Konklusion oder der Prämissen. Es folgt lediglich, dass das Argument eben nicht zeigen konnte, dass die Konklusion wahr sein muss oder vermutlich wahr ist, wenn die Prämissen wahr sind. Es können nach wie vor alle Aussagen stimmen.

Ein überzeugendes Argument sollte auch wahre Prämissen enthalten, denn ansonsten werden wir es einfach nicht plausibel finden. Wenn wir das Sokratesbeispiel etwas abwandeln, „Alle Menschen sind unsterblich, Sokrates ist ein Mensch, also ist Sokrates unsterblich", dann würden wir vielleicht sagen: Ja, das Argument ist zwar formal in Ordnung (es ist schlüssig/gültig), aber die Konklusion ist trotzdem nicht wahr, weil die Prämissen nicht wahr sind. Denn die Menschen sind leider (oder auch glücklicherweise) nicht unsterblich. Deshalb müsst ihr Argumente auch inhaltlich bewerten.

Grammatische und empirische Sätze (analytische und synthetische Urteile)

Eine weitere Frage, die ihr euch beim Beurteilen von Argumenten stellen könnt, ist: Woher kommen eigentlich die Aussagen, aus denen das Argument besteht? Denn dies steht in den Texten, die ihr lesen werdet, nicht immer klar drin. Vor allem kann die flektierte Form des Wortes „sein" in unterschiedlicher Weise gemeint sein. In der philosophischen Tradition wurden verschiedene Bezeichnungen für diesen Unterschied gewählt, wie etwa grammatische versus empirische Sätze oder analytische versus synthetische Urteile. Bei allen Unterschieden in den Details ist hier wichtig: Es gibt bestimmte Sätze, die dazu dienen, sich über den Gebrauch, die Definition eines Wortes zu verständigen. Diese Sätze nenne ich hier *grammatische Sätze*. Und es gibt Sätze, die dazu dienen, etwas über einen bestimmten empirischen Gegenstand zu behaupten. Diese Sätze nenne ich *empirische Sätze*.

Im Fall der empirischen Sätze wird etwas über unsere Beobachtungs- und Verallgemeinerungsfähigkeit ausgesagt, im Fall der grammatischen Sätze wird lediglich etwas darüber gesagt, wie ein bestimmtes Wort verwendet werden soll und es wird eine konkrete Anordnung gegeben. Es kann zum Beispiel sein, dass eine bestimmte Eigenschaft als Voraussetzung dafür betrachtet wird, ein bestimmtes Wort zu verwenden. Der Satz „Ein Schimmel ist ein weißes Tier", sagt etwa nichts über eine bestimmte Beobachtung aus. Denn dass Schimmel weiß sind, ist einfach ein Teil der Art und Weise, wie wir das Wort „Schimmel" verwenden. Andere Sätze, die auf den ersten Blick eine ähnliche Form haben, verwenden das Wort „ist" in einem anderen Sinn. „Dieser Berg ist 1400 Meter hoch" ist ein Satz, der etwas über ein konkrete empirische Tatsache aussagt. Ihr müsstet ganz andere Dinge tun, um beide Sätze zu überprüfen. Im ersten Fall würde es nichts nützen, irgendwelche Pferde zu beobachten, die zufällig weiß sind. Es wäre weitaus nützlicher, im Wörterbuch nachzuschlagen, was mit dem Wort „Schimmel" gemeint ist. Im zweiten Fall würde das wiederum nichts helfen, sondern ihr müsstet, wenn ihr es wirklich nachprüfen wolltet, nachmessen, ob der Berg wirklich 1400 Meter hoch ist.

Manchmal entsteht Verwirrung bei der Analyse von Argumenten, die nicht aufkäme, wenn beide Arten von Sätzen unterschieden würden. Wenn ihr ein Argument untersucht und beurteilt, dann solltet ihr euch deshalb klar darüber sein, in welcher Form die Sätze gemeint sind oder, wenn das nicht dabei steht, gemeint sein könnten. Häufig ist es gerade die flektierte Form des Verbs „sein" die hier Verwirrung stiftet.

Induktive Argumente

Viele Argumente, auf die ihr im Lauf eures Studiums und auch später stoßen werdet, sind nicht so, dass man die Schlussfolgerung unbedingt akzeptieren muss, wenn die Prämissen wahr sind (deduktive Argumente). Häufig handelt es sich um Schlussfolgerungen von Beispielen auf allgemeine Aussagen. Dies wird auch *induktiver* Schluss oder Argument genannt. Falls ihr Geschichtswissenschaft oder eine andere Disziplin studiert, die irgendetwas mit Aussagen über empirische Dinge zu tun hat, wie beispielsweise historische Epochen, Verläufe von politischen Bewegungen oder Ähnliches, dann werdet ihr vermutlich viel mit induktiven Argumenten zu tun bekommen. Ob ihr solche Argumente glaubt oder nicht, hängt davon ab, wie ihr die Stärke der Prämissen bewertet.

Wenn ihr ein induktives Argument vorbringt, dann heißt das, dass ihr euch auf Erfahrungen stützt und aus ihnen eine allgemeinere Schlussfolgerung zieht. Je nachdem, in welcher wissenschaftlichen Disziplin ihr euch bewegt, gibt es zur Bewertung solcher induktiven Argumente dann auch technische Hilfsmittel wie etwa die Statistik. In den Geschichtswissenschaften gab und gibt es auch Ansätze, induktive Argumente mit dem Hilfsmittel der Statistik zu bewerten (etwa Bevölkerungsstatistiken, Einkommensschätzungen u. Ä.).

Ein bekannter Wirtschaftswissenschaftler ist Thomas Piketty. In seinem Buch *Das Kapital im 21. Jahrhundert* zieht er unter anderem aufgrund einer historischen Rekonstruktion von Einkommensungleichheiten in den letzten Jahrhunderten in Frankreich, Großbritannien und Amerika Schlussfolgerungen, aus welchen Gründen sich Einkommensungleichheit (und Vermögensungleichheit) verändert.[17] Auch Piketty legt induktive Argumente vor,

17 Thomas Piketty, *Das Kapital im 21. Jahrhundert* (Bonn: Bundeszentrale für politische Bildung, 2015).

die plausibler oder weniger plausibel sein können, je nachdem wie ihr die Stärke der Prämissen bewertet.

Tipps im Umgang mit komplexen Texten

Wie ich oben schon gesagt habe, ist es keinesfalls immer so, dass Texte ihre Argumente ganz sauber geordnet vor euch ausbreiten. Aus den verschiedensten Gründen legen Autor:innen manchmal sogar Wert darauf, ein Argument in sehr komplexer Form vorzulegen. Manchmal kann es wirklich helfen, wenn ihr erst einmal identifiziert, was ein Text überhaupt zeigen möchte, also was die Konklusionen sind, die in dem Text plausibilisiert werden sollen. Das ist häufig bei eher philosophischen oder theoretischen Texten der Fall. Als ich das erste Mal mit solchen philosophischen Texten konfrontiert worden bin, fühlte ich mich zunächst einmal erschlagen. Oftmals hat es mir dann geholfen, eher einen kleineren Teil des Textes zu lesen und diesen Teil übersichtlich aufzuschlüsseln. Am Anfang meines Studiums war das manchmal sogar hilfreicher, als zu versuchen, den ganzen Text zu lesen. Wenn ihr gleich versucht, einen sehr komplexen und langen Text vollständig zu erfassen, dann versteht ihr am Ende vielleicht überhaupt nichts. Wenn ihr dagegen einen kleinen Teil wirklich verstanden habt, dann hilft euch das dabei, auch den Rest des Textes zu erschließen.

Hindernisse beim Verständnis von Texten können eine antiquierte Sprache, eine sehr komplexe Grammatik, unbekannte Fachtermini und die Komplexität der dargelegten Gedankengänge selber sein. Wenn ihr gerade am Anfang des Studiums den Eindruck habt, dass ihr euch Texte in eure Sprache übersetzen müsst, selbst wenn die Texte in eurer Muttersprache verfasst zu sein scheinen, dann liegt das nicht selten daran. Es ist gerade am Anfang eine gute Übung, sich das zu vergegenwärtigen und zu wissen, dass zumindest Teile der akademischen Sprache wirklich gelernt werden müssen wie eine Fremdsprache. Wie bei einer Fremdsprache werdet ihr am Anfang oft noch in die eigene Sprache übersetzen, bevor ihr anfangen könnt, auch in der anderen Sprache zu denken. Dabei werdet ihr am Anfang hin und wieder Übersetzungsfehler machen, das ist ganz normal. Das bedeutet, dass ihr euer Verständnis der neuen Sprache noch verfeinern müsst.

Anders als bei wirklichen Fremdsprachen gibt es bei der akademischen Sprache oder den akademischen Sprachen leider nicht so gute Lehrbücher. Das liegt nicht zuletzt daran, dass diejenigen, die die akademische Sprache beherrschen, sich dadurch gerne abgrenzen wollen und daran, dass diese Sprachen sich sehr rasch verändern. Es wird als ein Zeichen von guter Bildung betrachtet, diese Sprache sprechen zu können. Deswegen müsst ihr euch leider auf anderen Wegen informieren. Einer dieser Wege ist die genaue Textlektüre.

Jetzt, wo ihr wisst, dass sich bei Argumenten Prämissen und Konklusion unterscheiden lassen, versucht einmal, wenn ihr einen komplizierten Text lest, der Argumente enthält, beides zu unterscheiden, vielleicht mit unterschiedlichen Farben zu unterstreichen. Schreibt euch dann die Ausdrücke heraus, die ihr unverständlich findet und schaut in den Lexika eures Fachs nach, was sie bedeuten. Versucht jetzt, die Grammatik der Sätze zu reduzieren, indem ihr sie in grammatisch einfachere Aussagen übersetzt, in denen ihr die unverständlichen Ausdrücke durch die Erklärungen ersetzt, die ihr gefunden habt. Am Schluss könnt ihr die jetzt einfacheren Aussagen neu anordnen.

In gewisser Weise habt ihr dann den Text in eure Sprache übersetzt oder eine Interpretation vorgelegt. Versucht dabei fair zu bleiben. Wenn ihr etwa merkt, dass ein Argument zwar ganz gut funktionieren würde, wenn eine bestimmte Prämisse noch hinzugefügt würde, dann tut das ruhig. Habt ihr den Eindruck, dass bei eurer Übersetzung vollkommener Unsinn herauskommt, könnt ihr noch einmal nachprüfen, ob es nicht doch einen Weg gibt, einen Schuh daraus zu machen. Selbst wenn sich am Ende doch herausstellen sollte, dass eine Konklusion, die ihr in einem Text findet, nicht gut durch Prämissen gestützt ist und ihr auch der Meinung seid, dass die Konklusion selber nicht wahr ist, habt ihr dann etwas gelernt.

Ein Beispiel – Texte Schritt für Schritt verstehen

Gehen wir einmal davon aus, ihr stündet vor der Herausforderung die *Dialektik der Aufklärung* von Theodor W. Adorno und Max Horkheimer zu lesen, vielleicht für ein Seminar oder aber auch, weil ihr euch einfach dafür interessiert. Es handelt sich um einen sehr verwickelten theoretischen Text und er gehört sicher zu den Texten, die ihr gerade am Anfang eures Studiums nur langsam lesen werdet. Sehr wahrscheinlich werdet ihr die *Dialektik der Auf-*

klärung außerdem nicht am Stück lesen. Wenn ihr den Text lest, dann werdet ihr merken, dass seine Autoren in einem für euch vermutlich ungewöhnlichen, anspruchsvollen und anstrengend zu lesenden Stil schreiben. Deshalb möchte ich jetzt einfach einmal eine bestimmte Lesepraxis demonstrieren, die dazu führen soll, dass ein kurzer Abschnitt, der erst einmal sehr schwer verständlich ist, hinterher keinen so großen Schrecken verbreitet. Ich probiere also jetzt einfach einmal aus, wie sich ein ganz kleiner Ausschnitt, ein einzelner Satz aus der *Dialektik der Aufklärung* Schritt für Schritt so übersetzen lässt, dass er verständlicher wird. Ich halte mich dabei an folgende Regeln:

(1) Identifiziere einzelne Aussagen!

(2) Identifiziere, was hier gezeigt werden soll!

(3) Kläre unverständliche Ausdrücke!

(4) Reduziere die grammatische Komplexität, indem möglichst einfache Aussagen aus dem komplexen Gefüge der Aussagen gebildet werden!

(5) Ordne den Text neu an!

Das Beispiel, das ich bearbeiten möchte stammt aus dem langen ersten Kapitel der *Dialektik der Aufklärung*. In dem Satz, den ich jetzt mit euch lesen möchte, begründen die Autoren sogar, warum sie sich so kompliziert ausdrücken. Lest erst einmal den Satz ganz langsam, vielleicht sogar laut:

> „Wenn die Öffentlichkeit einen Zustand erreicht hat, in dem unentrinnbar der Gedanke zur Ware und die Sprache zu deren Anpreisung wird, so muß der Versuch, solcher Depravation auf die Spur zu kommen, den geltenden sprachlichen und gedanklichen Anforderungen Gefolgschaft versagen, ehe deren welthistorische Konsequenzen ihn vollends vereiteln."[18]

In diesem Satz stecken einige Behauptungen, aber als angehende Leserinnen von akademischen Texten seid ihr vielleicht wirklich erst einmal über die verwickelte Sprache erschrocken. In unserer

18 Max Horkheimer und Theodor W. Adorno, *Dialektik der Aufklärung. Philosophische Fragmente [1944]* (Frankfurt am Main: Fischer, 2003), 17.

Annäherung an den Text können wir aber die einzelnen Aussagen sortieren und schauen, woran es eigentlich liegt, dass wir den Satz so schwer verstehen. Dass die Autoren hier etwas bestimmtes behaupten wollen, wird durch das „Wenn“ am Anfang und das „so“ im Nebensatz nahegelegt: Wenn dieses gilt, so muss auch jenes gelten. Insgesamt können wir also erst einmal festhalten: Was immer die Autoren uns hier sagen möchten, es hat eine bestimmte formale Struktur. Zunächst ist es mir jetzt erst einmal ganz egal, ob ich die einzelnen Aussagen inhaltlich verstehen kann. Es geht mir erst einmal darum, sie so zu sortieren, dass der Satz nicht mehr so kompliziert aussieht. Dabei sortiere ich jetzt nicht nur die Aussagen, sondern ergänze auch Bezüge von Relativpronomen, die sonst vielleicht nicht beim ersten Lesen klar sind und lasse einige Wörter weg (die denke ich mir später wieder dazu):

Wenn

1. „Die Öffentlichkeit hat einen Zustand erreicht, in dem unentrinnbar der Gedanke zur Ware und die Sprache zu deren Anpreisung wird.“

Dann

2. „Der Versuch, solcher Depravation auf die Spur zu kommen muss den geltenden sprachlichen und gedanklichen Anforderungen Gefolgschaft versagen.“

Ansonsten

3. „[...] würden die welthistorischen Konsequenzen der Gefolgschaft [den geltenden sprachlichen und gedanklichen Anforderungen gegenüber] den Versuch, dem Verfall auf die Spur zu kommen, vollends vereiteln.“

Im ersten Satz (Wenn) wird ganz offensichtlich eine historische Diagnose präsentiert. Die Autoren gehen davon aus, dass im gegenwärtigen Zustand (also in den 1940er Jahren als sie diesen Text verfassten) der „Gedanke zur Ware und die Sprache zu deren Anpreisung geworden ist.“ Im nächsten Satz (2) fügen sie noch einen kleinen Kommentar zu diesem Wenn-Teil hinzu. Sie meinen nämlich, dass es sich hier um eine „Depravation“ handele. Hier müsst ihr dann vielleicht im Wörterbuch nachschlagen und findet so etwas wie „Verfall“. Die Autoren gehen also ganz offensichtlich davon aus, dass der Zustand aus Satz (1) in irgendeiner Weise einen Verfall darstellt. Dann meinen sie: Wenn das so ist, dann müssen wir jetzt einmal über das Instrument nachdenken, das wir verwenden, um Gedanken und Sprache zu beschreiben, nämlich natürlich: die Sprache. Und hier müssen wir im Kopf etwas ergänzen, das nicht im Text steht. Die Autoren meinen, dass nur mit einer Sprache, die nicht zur Ware geworden ist, über die Sprache nachgedacht werden könne, die zur Ware geworden ist. Diese Annahme ist nötig, um den Text zu vervollständigen, denn ansonsten wäre die Wenn-Dann-Struktur hier unbefriedigend. Es hat zwar eine gewisse gefühlsmäßige Plausibilität (also: Glaubhaftigkeit, Verständlichkeit), dass man nur mit einer nicht warenförmigen Sprache über die warenförmige Sprache sprechen könnte. So richtig zwingend ist die Annahme aber erst einmal nicht. Wir ahnen, dass hier vermutlich noch viel mehr Theorie und unausgesprochene Annahmen verborgen sind, die die Autoren in anderen Büchern auch ausführen. Für den Moment können wir es einmal akzeptieren und weitersehen. In dem Satz (3), den ich mit „Ansonsten“ begonnen habe und der im Original mit „ehe“ beginnt, werden noch einmal mehr Annahmen getroffen. Hier steckt auch eine Annahme drin, die wir aus grammatischen Gründen nicht gleich sehen: Die Gefolgschaft den geltenden sprachlichen und gedanklichen Anforderungen gegenüber hat „welthistorische Konsequenzen“. Was das für Konsequenzen sind, darüber können wir hier zunächst nur spekulieren. Jedenfalls würden aber diese Konsequenzen dazu führen, dass wir den Versuch, den Gründen für den Verfall (= Depravation) der Sprache auf die Spur zu kommen, aufgeben müssten. Das meinen jedenfalls Horkheimer und Adorno.

Der Übersichtlichkeit halber schreibe ich den Satz, der aus meiner Sicht aus zwei Teilen besteht, jetzt noch einmal in einer anderen Form auf:

Wenn-Dann-Struktur 1

(1) Wenn

Die Öffentlichkeit ist in einem Zustand, für den gilt

a) der Gedanke ist zur Ware geworden

b) die Sprache ist zur Anpreisung der Ware geworden.

Zusatzannahme: Hier würde es sich dann um eine Verfallserscheinung der Sprache handeln

(2) dann

Wir müssen eine Beschreibungssprache wählen, die nicht selber Teil dieses Zustands ist, um ihn zu verstehen.

Wenn-Dann-Struktur 2

(3) Wenn

wir nicht diese Beschreibungssprache wählen, die nicht selber Teil des Zustands (1) ist,

(4) dann

würden eben die welthistorischen Konsequenzen des Zustands (1) verhindern, dass wir genau diesen Zustand verstehen könnten.

Ihr könnt außerdem mit einiger Wahrscheinlichkeit vermuten, dass die Autoren annehmen, dass wir uns in der Tat in einem Zustand (1) befinden, so dass wir eine Sprache wählen müssen, die den geltenden gedanklichen Vorgaben nicht folgt. Ansonsten wäre es ja nutzlos, diesen Satz aufzuschreiben. Umgekehrt rechtfertigt das dann inhaltlich aus der Perspektive der Autoren auch, dass der Satz so kompliziert formuliert ist.

Jemand, der sich in der philosophischen Disziplin der Logik auskennt, hätte jetzt vielleicht Symbole parat, mit denen sich untersuchen ließe, welche Argumente sich hieraus möglicherweise entwickeln ließen. Weil ihr ja vielleicht nicht unbedingt Logik studiert und euch dies hier nur als Lesetechnik dienen soll, möchte ich es bei dieser Stufe der Abstraktion belassen. Ihr seht vielleicht, dass es ein wenig mühselig ist, dass ihr aber am Ende zumindest etwas Klarheit gewonnen habt, was in einem komplizierten Satz eigentlich drinsteht. Ob ihr am Ende glaubt, dass Horkheimer und Adorno Recht haben, ist wieder eine andere Frage.

Wenn ihr euch jetzt wundert, wie viel Zeit das Lesen eines ganz kurzen Textes, ja nur eines einzigen Satzes, in Anspruch nehmen kann, seid ihr sicher nicht allein in eurer Verwunderung. Auch für mich war es anfangs überraschend, wie langsam ich manche Texte lesen musste. Ich war das Lesen von Romanen gewöhnt und musste mich erst an die neue Haltung zur Lektüre gewöhnen. Wenn ihr aber einen Text vor euch habt, von dem ihr denkt, dass ihr ihn wirklich verstehen wollt, dann nehmt euch die Zeit! Habt ihr einen Absatz oder eine Seite für euch erschlossen, dann habt ihr nicht nur diesen Absatz oder diese Seite verstanden, sondern viel darüber gelernt, wie ihr Texte lesen könnt. Ihr könnt dann in Zukunft ähnliche Texte schneller lesen. Wenn ihr euch dagegen niemals die Zeit nehmt, einen komplizierten Text auseinanderzunehmen, dann werdet ihr vermutlich auch nicht die Fähigkeit erwerben, euch solche Texte erschließen zu können und ihr werdet auch nicht schneller darin werden.

Texte lesen

Das Lesen von wissenschaftlichen Texten wird euch vor neue Herausforderungen stellen. Je nach Fachrichtung werdet ihr ein neues Vokabular lernen und müsst euch dabei nicht nur mit neuen Inhalten beschäftigen. Auch die Sprache, mit der sich Wissenschaftler:innen über diese Inhalte verständigen, wird oft neu und umständlich erscheinen. Es wird euch vielleicht am Anfang nicht immer klar werden, wo sich die Mühe lohnt, die Zeit zur Entwirrung solcher Texte zu investieren. Denn es wird auf keinen Fall möglich sein, diese Zeit bei jedem Text zu investieren, der in Frage kommt. Deshalb muss man sich am Anfang häufig den Empfehlungen von Menschen anvertrauen, die schon etwas länger mit diesen Texten zu tun haben. Auch diese Menschen haben einmal klein angefangen und mussten sich durch teils dornige Texte kämpfen. Wenn es auch am Anfang etwas mühsam ist, werdet ihr am Ende auf jeden Fall etwas gelernt haben, zumindest, wie man komplexe Ausführungen über komplexe Gegenstände für sich strukturieren und verstehen kann. Ihr werdet auch lernen, wie man mit der Frustration umgehen kann, die sich manchmal einstellt, wenn ihr einen Text lest, der noch etwas zu voraussetzungsreich ist. Dann werdet ihr lernen, wie sich auch aus solchen Lektüreerfahrungen noch etwas ziehen lässt. Und ihr werdet hoffentlich die Freude kennenlernen, die man empfindet, wenn man einen schwierigen Text am Ende doch verstanden hat. Beide Fähigkeiten, strukturierte Lektüre und der Umgang mit anfänglichen Überforderungen, sind unschätzbar und lassen sich leicht auf alle möglichen anderen Bereiche übertragen.

Was machen Wissenschaftler:innen eigentlich, wenn sie forschen?

In den letzten beiden Kapiteln habe ich euch zwei zentrale Themenfelder des wissenschaftlichen Arbeitens vorgestellt. Immer wieder werde ich in diesem Buch auf Aspekte wissenschaftlichen Arbeitens zurückkommen und einiges wiederholen. Hier möchte ich noch einmal etwas darüber schreiben, was Wissenschaft als soziales Unterfangen eigentlich ist. Denn Wissenschaft wird von Menschen gemacht, Menschen bewerten, ob wissenschaftliche Ergebnisse plausibel sind. Wissenschaft ist also zumindest auch eine Tätigkeit unter Menschen, eine soziale Tätigkeit.

Wir könnten Wissenschaft auch anders betrachten. Viele, die darüber nachgedacht haben, beispielsweise in der Wissenschaftstheorie, denken über Wissenschaft eher als ein System von Aussagen in Texten nach. Vielleicht schreiben sie noch über Experimente, die von Wissenschaftler:innen durchgeführt werden. Beides gehört zweifelsohne auch zur Wissenschaft, aber was Wissenschaft de facto in der Gesellschaft darstellt, ist damit sicher noch nicht erschöpfend beschrieben. Wissenschaftler:innen sind Menschen, die in bestimmten Einrichtungen (Universitäten, außeruniversitären Forschungseinrichtungen) arbeiten. Was sie tun, wird dann insgesamt als Wissenschaft bezeichnet. Viele, die dieses Wort benutzen, wissen vielleicht gar nicht unbedingt, welcher Bestandteil dessen, was die Wissenschaftler:innen in ihren Forschungseinrichtungen tun, denn genau die Wissenschaft ist. Sind es nur die Experimente, die sie durchführen? Sind es die vielen Stunden, die Geisteswissenschaftler:innen in Bibliotheken (oder zu Hause) verbringen und lesen? Sind es die Gespräche, die sie mit anderen Wissenschaftler:innen auf Konferenzen führen? Ist Wissenschaft lediglich das Resultat all dieser Tätigkeiten, die wissenschaftliche Publikation?

Wissenschaftliche Tatsachen, soziale Organisation und der genetische Fehlschluss

Wenn man anfängt, darüber nachzudenken, dass Wissenschaft und wissenschaftliche Ergebnisse inklusive der Richtigkeit wissenschaftlicher Aussagen vom Handeln von Menschen abhängen, dann kommt schnell ein Verdacht auf. Rasch denken Verteidiger:innen der wissenschaftlichen Objektivität, dass sie es hier mit jemandem zu tun haben, der annimmt, dass wissenschaftliches Wissen „sozial konstruiert" sei, also, dass die Wahrheit eines wissenschaftlichen Ergebnisses lediglich davon abhänge, dass eine bestimmte Gruppe von Menschen es so beurteilt. Dies kann als Angriff auf die Wissenschaft wahrgenommen werden. Es gibt vor diesem Hintergrund einen Streit über die „Konstruiertheit" von wissenschaftlichem Wissen. Eine Kritik an der Annahme, dass es letztlich kein Kriterium dafür gibt, wann Wissen wirklich „objektiv" richtig ist: Dann wäre ja letztlich alles beliebig und wir könnten auf gar nichts mehr vertrauen. In der Wissenschaftstheorie wird diese Annahme einem Philosophen, Paul Feyerabend, zugeschrieben, der an einer Stelle seines sehr umfangreichen Werks einmal gesagt hat „anything goes", also: Alles ist möglich.[19] Der Vorwurf an Feyerabend, er habe damit der Willkür Tür und Tor geöffnet, ist ein wenig unfair, *ganz* unberechtigt ist er aber nicht. In der letzten Zeit wurde der Streit über die Gültigkeit wissenschaftlicher Ergebnisse öffentlichkeitswirksam im Zusammenhang mit der Corona-Pandemie geführt und damit für ein breiteres Publikum sichtbar. Die Auseinandersetzung selbst ist aber viel älter.

Einige sagen: Wenn wir den Prozess, der zu einem wissenschaftlichen Resultat führt, aus dem Begriff „Wissenschaft" ausschließen, ist das ein bisschen so, als würden wir als „Kochen" lediglich das Resultat des Kochens, das fertige Gericht, ansehen. Andere wiederum sagen: Wie die Wissenschaftler:innen zu ihren Resultaten kommen, ist uns vollkommen gleichgültig, wichtig ist doch lediglich, dass sie das tun, wozu sie da sind: Wissen produ-

19 Feyerabend spricht hier darüber, dass die historische Forschung gezeigt habe, dass alles, von dem man bisher angenommen hat, es als allgemeine Regel für die Wissenschaft aufstellen zu können, von Wissenschaftler:innen selber verletzt worden sei. Die einzige Regel, die den Fortschritt der Wissenschaft nicht behindere, sei deshalb: anything goes. Paul Feyerabend, *Wider den Methodenzwang* (Frankfurt am Main: Suhrkamp, 1976), 21.

zieren. Und dieses Wissen soll dann unabhängig davon beurteilt werden, wie es zustande gekommen ist.

Wenn ihr die vorigen Kapitel gelesen habt, dann habt ihr vielleicht schon den richtigen Verdacht, dass ich eher zur Gruppe derjenigen gehöre, die glauben, dass es wichtig ist, auch den Prozess zu berücksichtigen, der zur Erzeugung wissenschaftlicher Resultate führt. Bevor ich sage, warum das so ist, möchte ich aber erst noch erklären, warum ich glaube, dass man auch zu anderen Schlussfolgerungen kommen kann.

Kritiker:innen meiner Auffassung sagen manchmal, dass ich damit einen Fehler mache, der in der Logik und Wissenschaftstheorie auch als „genetischer Fehlschluss" bezeichnet wird. Ihr Argument sieht in etwa so aus (wenn ich ein einfaches, vielleicht zu einfaches Beispiel verwenden darf): Wenn ich der Meinung bin, dass es draußen regnet, dann kann ich zu dieser Meinung durch übersinnliche Wahrnehmung gekommen sein oder auch dadurch, dass ich einfach aus dem Fenster gesehen habe. Wenn es wirklich draußen regnet, dann ist diese Meinung gleichwohl wahr, unabhängig davon, wie ich auf sie gekommen bin. Deshalb sprechen diese Kritiker:innen vom „genetischen Fehlschluss" (von griech. genesis – „Entstehung"). Sie meinen, dass wenn ich die Genese, also die Entstehung, den Weg zu einer bestimmten (wissenschaftlichen) Tatsache, zeige, ich noch überhaupt nichts darüber gesagt habe, ob diese Tatsache auch wirklich bestehe. Und darauf käme es doch schließlich an!

Ich kann dieser Argumentation selber viel abgewinnen. Sie ist ein wichtiger Teil dessen, was wir auch als „Objektivität" bezeichnen. Hier geht es darum, dass wir bei einem bestimmten Wissen nicht auf diejenige schauen, die dieses Wissen besitzt, sondern auf das Wissen selber. Wir wollen wissen, ob der *Satz*, ob die *Aussage* wahr ist und nicht, ob die Person, die sie tätigt, dazu geeignet ist, diese Aussage zu tätigen. Diese Haltung ist sehr stark von denjenigen vertreten worden, die im 17. und 18. Jahrhundert gegen die Mächte aufbegehrten, die aus ihrer Sicht abgeschafft werden mussten, um sowohl ordentliche Wissenschaften als auch republikanische Regierungen zu erschaffen.

Denn in der Tat waren soziale Unterschiede in der Gesellschaft oft Hindernisse dafür, dass sich Wissenschaften entwickeln konnten. Viele Beispiele aus der Geschichte der Wissenschaften zeigen, dass bestimmten Personengruppen aufgrund ihres sozialen Status' nicht geglaubt wurde und deshalb ihre Beobachtungen für die wissenschaftliche Verwendung verloren waren. Die Wissenschaftshistoriker Simon Schaffer und Steven Shapin haben das in einem Buch gezeigt, das den schönen Titel *Leviathan and the Air-Pump* trägt.[20] In diesem Buch argumentieren sie dafür, dass die Entscheidung darüber, ob ein Experiment ein Erfolg war oder ob es gescheitert ist – zumindest im England des 17. Jahrhunderts – zuletzt auch eine Frage des sozialen Stands war. Bei Weitem nicht jeder durfte überhaupt einem Experiment beiwohnen und natürlich waren auch nicht alle berechtigt, an der Diskussion über diese Experimente teilzunehmen. Daran sieht man, dass der Gedanke von Objektivität und das Absehen von der Person, die etwas aussagt, manchmal eine emanzipatorische Wirkung haben kann. Und auch wenn das Beispiel aus dem 17. Jahrhundert stammt, dürfen wir nicht glauben, dass solche ausgrenzenden Haltungen heute verschwunden wären. In solchen Fällen kann es also nützlich sein, auf wissenschaftliche Objektivität zu pochen.

Es gibt also eine gewisse Spannung zwischen der Hoffnung auf unpersönliche Objektivität und persönlichen „epistemischen Tugenden“. In der Wissenschaftsgeschichte hat es sich etabliert, von „epistemischen Tugenden“ zu sprechen, die Personen zugeschrieben werden. „Epistemisch“ bedeutet alles, was mit Wissen und dessen Erzeugung zu tun hat, das Wort „Tugend“ meint hier die persönlichen Vorzüge, die Personen besitzen. Epistemische Tugenden sind also alle persönlichen Vorzüge, von denen geglaubt wird, dass sie ein bestimmter Mensch besitzt und die die Erzeugung von Wissen betreffen. Eine „gute Beobachtungsgabe“ kann etwa eine solche epistemische Tugend sein. Jemand, von dem ihr glaubt, dass er eine gute Beobachtungsgabe hat, von dem meint ihr auch, dass sie oder er im Streitfall etwas besser beobachten könnte als jemand mit einer nicht so guten Beobachtungsgabe. Wenn beide sich widersprechende Aussagen über etwas tätigen, werdet ihr also derjenigen mit einer guten Beobachtungsgabe glauben – weil sie eben diese epistemische Tugend besitzt.[21]

20 Steven Shapin und Simon Schaffer, *Leviathan and the Air-Pump. Hobbes, Boyle, and the Experimental Life* (Princeton, NJ: Princeton University Press, 1985).

21 Wenn ihr es nachlesen möchtet, könnt ihr diesen Sammelband als Anfangspunkt nehmen: Andreas Gelhard, Ruben Hackler und Sandro Zanetti, Hrsg., *Epistemische Tugenden. Zur Geschichte und Gegenwart eines Konzepts* (Tübingen: Mohr Siebeck, 2019).

In einer idealen Welt, so könnten die Verteidiger:innen der wissenschaftlichen Objektivität nun sagen, wäre Wissenschaft so: Wir würden, unabhängig von den epistemischen Tugenden einer Person, auf der Basis von person-unabhängigen Gründen die Aussagen überprüfen, die in einer wissenschaftlichen Publikation vorkommen. Wir würden prüfen, ob diese Aussagen auf der Basis allgemein anerkannter wissenschaftlicher Prinzipien ein gültiges Argument bilden, wir würden uns vielleicht sogar Mühe geben, Argumentationslücken zu füllen, wenn sie vorkommen und wenn wir sie füllen können (→ Kapitel „Das ‚principle of charity'"). Abschließend würden wir uns ein Urteil bilden, ob das vorgebrachte wissenschaftliche Argument den Standards der jeweiligen Wissenschaft entspricht oder nicht. Ich bin wie gesagt der Meinung, dass dieses Ideal von Wissenschaftlichkeit in vielen Fällen sehr nützlich ist. Als Beschreibung dafür, was Wissenschaftler:innen tun, wenn sie Wissenschaft treiben, Argumente formen und sie bewerten, ist dieses Ideal aber nicht sehr gut. Wissenschaftler:innen bewerten ständig die epistemischen Tugenden anderer Wissenschaftler:innen. Argumente von Wissenschaftler:innen, die in nicht besonders anerkannten Forschungsinstitutionen arbeiten, werden häufig gar nicht erst zur Kenntnis genommen, das, was ältere Wissenschaftler:innen sagen, wird ernster genommen als das, was jüngere Wissenschaftler:innen sagen, kurz: Die Bewertung von Personen und ihren epistemischen Tugenden spielt andauernd eine wichtige Rolle im Wissenschaftsprozess. Als jemand, der sich vor allem im universitären Wissenssystem bewegt, kann ich das kaum übersehen.

Zurück also zum genetischen Fehlschluss und zur Betrachtung der sozialen Realität von Wissenschaft in der Gesellschaft. Es gibt Personen, die sagen, es sei nicht so wichtig, wie ich darauf gekommen bin, dass es draußen regnet. Wenn es wirklich draußen regnet, dann ist die Information zutreffend, ohne dass wir wissen müssten, woher ich sie habe. Im Fall einer so alltäglichen Wahrnehmung ist es auch nicht so einfach, dafür zu argumentieren, warum wir die Situation künstlich verkomplizieren sollten: Entweder es regnet oder es regnet nicht, warum sollten wir uns darüber weiter aufregen?

Es wird in der Tat erst dann interessant, wenn wir uns eigentlich wissenschaftlichen Tatsachen zuwenden, also solchen Tatsachen, die wir aufgrund von wissenschaftlichen Fragestellungen erarbeitet haben. Denn wissenschaftliche Tatsachen sind nicht von derselben Einfachheit wie die Tatsache im Regenbeispiel. Gründe dafür wurden schon im ersten Kapitel zur wissenschaftlichen Fragestellung diskutiert. Meistens erzählen uns die wissenschaftlichen Tatsachen auch etwas über die Art der Wissenschaft, für die sie eine Tatsache ist. Oft müssen wir überhaupt erst etwas von dieser Wissenschaft verstehen, um das Tatsachenhafte an der Tatsache zu verstehen.

Nehmen wir ein von mir ersonnenes Beispiel aus unserem Feld, aus den Geistes- und Kulturwissenschaften: „Die sogenannte Trendelenburgsche Lücke in der Ableitung der ausschließlich subjektiven Natur von Raum und Zeit beruht auf einer oberflächlichen Lektüre von Kant.“ Hier haben wir es mit einer sehr spezialistischen Tatsache zu tun, von der ich im übrigen nicht genau weiß, ob sie wirklich eine Tatsache ist. Jedenfalls ist klar, dass anders als im „draußen regnet es“-Beispiel nicht jede versteht, worum es hier überhaupt gehen soll. Die Trendelenburgsche Lücke geht auf einen Philosophen mit dem Namen Friedrich Adolf Trendelenburg (1802–1872) zurück. Dass seine These eine wirklich wissenschaftliche These ist, sehen wir daran, dass es einen Streit über genau diese These gegeben hat, an dem sich Gelehrte beteiligten, die sich besonders gut mit der Philosophie Immanuel Kants (1724–1804) auskannten. Die Aussage, dass es draußen regne, ist dagegen keine eigentlich wissenschaftliche These, denn es kann keinen echten wissenschaftlichen Streit über sie geben. Wenn es aber einen wissenschaftlichen Streit über eine These geben kann, dann ergeben sich daraus einige andere Dinge. Zunächst einmal wird der Streit zwischen Wissenschaftler:innen ausgetragen. Echte Wissenschaftler:innen wollen vieles, u. a. wollen sie uneigennützig die Wissenschaft weitertreiben. Aber sie haben aus allen möglichen zufälligen Gründen auch unterschiedliche Hintergründe, einen unterschiedlichen Lebensweg, unterschiedliches Wissen usw. Sie irren sich, sind erfinderisch oder nicht, hängen halsstarrig schon längst widerlegten Thesen an oder werfen in jugendlichem Leichtsinn allzu schnell Bewährtes über Bord. Manchmal mögen sie die anderen Wissenschaftler:innen, manchmal finden sie sie vielleicht unsympathisch. Sie haben eine unterschiedliche Haltung zur Rolle von Wissenschaft in der Gesellschaft, kurz: Es sind Menschen mit ganz konkreten Interessen und ganz konkreten Vorstellungen. Sie haben eine lange Ausbildung genossen, um überhaupt dahin zu kommen, den Satz über die Trendelenburgsche Lücke verstehen und dann – sogar! – eine Gegenthese aufstellen zu können. Vielleicht fragt ihr euch schon, ob dies den Satz

„Die Trendelenburgsche Lücke beruht auf einem Missverständnis von Kants Philosophie" wirklich fundamental (= grundsätzlich) anders macht als den Satz „Draußen regnet es." Denn, so könntet ihr sagen, letztlich gilt doch für beide Sätze, dass sie entweder wahr oder falsch sind. Die Antwort ist, ihr werdet vielleicht nicht überrascht sein: Ja und Nein! Vielleicht ist die einfachste Art, wie man auf den Unterschied zwischen diesen Sätzen reagieren kann, dass man einfach darauf hinweist: Die Wahrheit beider Sätze festzustellen, ist unterschiedlich vielen Menschen möglich. Ob es draußen regnet, können fast alle Menschen feststellen. Ob die Untersuchung der subjektiven Natur von Raum und Zeit bei Kant lückenhaft ist, können nur ganz wenige Menschen feststellen. Die Uneinigkeit darüber, ob es draußen regnet, wird vermutlich meist recht klein sein. Die Uneinigkeit darüber, ob die Ableitung der subjektiven Natur von Raum und Zeit lückenhaft sei, ist sehr groß.

Viele der wissenschaftlichen Tatsachen sind genau deshalb *wissenschaftliche* Tatsachen geworden, weil zuvor Wissenschaftler:innen über sie gestritten haben. Warum sich dann doch in einem großen Teil der jeweiligen wissenschaftlichen Gemeinschaft die Überzeugung durchgesetzt hat, dass es sich tatsächlich um wahre Tatsachen handelt, hat ganz unterschiedliche Gründe. Um diese Gründe besser verstehen zu können, untersuchen Wissenschaftshistoriker:innen die Geschichte von wissenschaftlichen Entdeckungen. Wenn wir die Bücher dieser Wissenschaftshistoriker:innen lesen, wird es uns immer schwerer fallen, zu sagen, dass sich wissenschaftliche Tatsachen immer so und so durchsetzen. Auf jeden Fall können wir dann nur sehr schwer sagen, dass Wissenschaftler:innen sich meistens von Argumenten in Publikationen überzeugen lassen.

Ein gutes Argument zu haben, ist also schön. Aber dieses Argument wird die anderen Wissenschaftler:innen nicht zwingen können, es als richtig anzuerkennen, selbst wenn ihr noch so sicher seid, dass es doch gewiss richtig sei. Viele andere Faktoren gehören dazu, dass eine wissenschaftliche Tatsache entstehen kann, unter anderem gehört eine ganze Menge Wissen und eine ganze Menge Können dazu. Wer keinen experimentalphysikalischen Laboraufbau bedienen kann, der kann meist auch keine Tatsache überprüfen, die auf einem solchen Weg zustande gekommen ist. Und ganz besonders in den Geistes-, Sozial- und Kulturwissenschaften spielt auch das, was der Soziologe Pierre

Bourdieu den „Habitus" nennt, eine wichtige Rolle: Der Habitus umfasst alle erworbenen Neigungen zu bestimmten Handlungen, so kann es beispielsweise einen „Gelehrtenhabitus" geben.[22] Ob jemandem im Unibetrieb geglaubt wird, hängt so nicht nur von der reinen, kristallklaren Gestalt eines Argumentes oder einer genialen Deutung ab, sondern auch von der Art und Weise, wie diese Person auftritt, von ihrem Habitus. Dazu gehört etwa die Art und Weise, wie sich diese Person ausdrückt, welche Worte sie wählt, ob sie eine komplexe oder einfache Sprache wählt und so weiter. Und es gehört auch das Geschlecht der Person, ihr gesellschaftliches *gender*, dazu. Wissenschaft war insgesamt für eine sehr lange Zeit eine mit wenigen Ausnahmen ausschließlich männliche Sache.

Frauen in der Wissenschaft

Nachdem sich am Anfang des 20. Jahrhunderts vermehrt Frauen in der Wissenschaft etablierten, entstanden Kontroversen. Viele Männer wehrten sich gegen die ungewohnte Gegenwart von Frauen innerhalb der Universität. Sie argumentierten, dass Frauen aufgrund ihres Geschlechts (also ihres biologischen, ihres *sex*) nicht für

22 Der „Habitus" ist ein ganz zentraler Begriff in Bourdieus Soziologie. Mit dem Begriff möchte Bourdieu darauf hinweisen, dass Menschen sich im Laufe ihres Lebens verschiedene Arten, sich auszurücken, sich zu bewegen, zu gestikulieren etc. erwerben. In seinem Buch *Die feinen Unterschiede* hat Bourdieu gezeigt, dass für Menschen anhand des Habitus sehr leicht zu erkennen ist, zu welcher Gruppe andere Menschen gehören. Der Habitus hat deshalb die sehr wichtige Funktion, die Zugehörigkeit von Menschen zu bestimmten Gruppen nach außen sichtbar zu machen und gehört damit zu den ganz grundlegenden Prozessen, wie Gesellschaftlichkeit sich überhaupt bildet. Andererseits macht es der Habitus schwer, die gesellschaftliche Gruppe zu wechseln. Besonders die in einer Gesellschaft als wertvoll bewerteten Positionen werden hart verteidigt, weshalb es für Menschen, die von Haus aus keinen Gelehrtenhabitus haben, oft schwierig ist, das Verhalten an Universitäten zu verstehen. Pierre Bourdieu, *Die feinen Unterschiede: Kritik der gesellschaftlichen Urteilskraft* (Frankfurt am Main: Suhrkamp, 1987).

die Wissenschaft geeignet seien. In der feministischen Geschichte der Wissenschaften haben verschiedene Wissenschaftler:innen gezeigt, auf welchen Wegen den Frauen ihre Glaubwürdigkeit in der Wissenschaft abgesprochen wurde. Sie seien zu empfindsam, zu wenig rational oder hätten schlicht eine andere gesellschaftliche Aufgabe, nämlich für die Reproduktion und die Pflege des Nachwuchses zu sorgen. Daran seht ihr, dass eine Person, die so beurteilt wurde, vermutlich ein noch so gutes Argument vorlegen könnte, ihr würde trotzdem nicht geglaubt, einfach, weil sie eine Frau wäre.

Heute, etwa einhundert Jahre später, hat sich die Lage gewandelt. Eine Professorin ist keine Ausnahmeerscheinung mehr, Studentinnen können alles studieren, was sie wollen. Das heißt aber nicht, dass strukturelle Benachteiligungen nicht immer noch wirksam wären, nur sind sie weniger deutlich sichtbar. Frauen werden nach wie vor auf ihrem Weg in die Wissenschaft behindert, aber diese Hindernisse erscheinen nicht mehr in der Klarheit eines ausschließenden Gesetzes, einer universitären Regelung oder Ähnlichem. Wenn ihr selber euch als eine Frau versteht, werdet ihr vielleicht – hoffentlich nicht! – auf eurem akademischen Weg an einigen Stellen merken, dass ihr anders behandelt werdet. Vielleicht lädt man euch nicht zu einem Feierabendbier ein, zu dem die Männer am Institut eingeladen werden. Vielleicht werdet ihr in Seminaren bemerken, dass es euren männlichen Mitstudierenden leichter fällt, sich zu äußern und sie sich ganz natürlich mehr Raum nehmen, um ihre Gedanken darzulegen. Solltet ihr das feststellen, ist das ein weiterer Hinweis darauf, dass mit der Geschichte von Genese und Geltung zumindest noch nicht die ganze Geschichte über die Wissenschaft erzählt ist. Vielleicht wird sich am Ende sagen lassen, dass $E = mc^2$ ein wahrer Satz in der Physik ist (ich kann das nicht beurteilen!) und dass er dies bleibt, gleichgültig, wer ihn ausgesprochen hat. Das kann sogar sein. Aber die Frage, wie Menschen überhaupt an die Position kommen, einen solchen Satz auszusprechen und warum ihnen dann geglaubt wird, ist sicher nicht zufriedenstellend dadurch zu beantworten, dass der Satz stimmt. Wäre einer Frau wohl geglaubt worden?

Denkstile und Denkkollektive

Vielleicht habe ich euch ja davon überzeugen können, dass zumindest in der wirklichen Welt, in der wir schließlich alle leben, die Tatsache relevant ist, dass Wissenschaft von Menschen in menschlichen Gemeinschaften gemacht wird. Lassen wir es einmal dahingestellt, ob darüber hinaus irgendwelche wissenschaftlichen Tatsachen auch unabhängig davon wahr sind. Denn selbst, wenn sie es wären, bräuchten wir ja wieder eine wissenschaftliche Gemeinschaft, um dies feststellen zu können.

Statt mich weiter in die Frage nach der Konstruiertheit von Wissen zu vertiefen, möchte ich eine aus meiner Sicht interessante Beschreibungssprache vorstellen, mit der sich über Wissenschaft als soziales Unterfangen gut sprechen lässt. Ich möchte deshalb einen Philosophen und Mikrobiologen vorstellen, der sich genau darüber Gedanken gemacht hat. Sein Name ist Ludwik Fleck (1896–1961) und er ist zum einen bekannt geworden, weil er im Jahr 1935 ein Buch mit dem Titel *Entstehung und Entwicklung einer wissenschaftlichen Tatsache* veröffentlicht hat.[23] Zum anderen war er ein polnischer Bakteriologe, der von den Nationalsozialisten in den Konzentrationslagern Auschwitz und Buchenwald inhaftiert wurde. Die historische Forschung über Fleck hat gezeigt, wie er dort in einer Forschungsabteilung Sabotageakte gegen die Nazis verübte. Er war sowohl ein Experimentalwissenschaftler als auch jemand, der eine Theorie darüber entwickelt hat, wie Wissenschaft funktioniert.

Flecks Buch über die Entstehung einer wissenschaftlichen Tatsache behandelt die Frage, wie es überhaupt dazu kommen kann, dass Gruppen von Forschenden gemeinsam an einer Sache arbeiten und schließlich zu einem Ergebnis kommen, dass von anderen als Tatsache anerkannt wird. Als Mediziner war er gewohnt, in Gruppen zu arbeiten, etwas, das den zeitgenössischen Philosoph:innen eher fremd war. Vielleicht liegt es auch daran, dass Philosoph:innen selten so intensiv darüber nachgedacht haben, inwiefern Forschung eine kollektive Tätigkeit ist. Schließlich saßen sie die meiste Zeit

23 Ludwik Fleck, *Entstehung und Entwicklung einer wissenschaftlichen Tatsache [1935]* (Frankfurt am Main: Suhrkamp, 1980).

alleine an ihrem Schreibtisch oder standen einsam vor einem Hörsaalpublikum und berichteten von ihren Thesen. Auf diese Weise kann man auch auf die Idee kommen, dass es beim wissenschaftlichen Arbeiten lediglich auf die Gültigkeit von guten Argumenten ankomme und der Rest nicht so stark ins Gewicht fällt.

Ludwik Fleck ist für uns relevant, weil er Begriffe geschaffen hat, die nützlich sein können, um darüber nachzudenken, wie Wissenschaft in Gruppen vor sich geht. Diese Begriffe sind der „Denkstil" und das „Denkkollektiv". Fleck meint, dass Wissenschaft etwas ist, dass in sozialen Gruppen geschieht, die er eben „Denkkollektive" nennt. In seinem Buch ist der Begriff erst einmal recht weit gefasst und bezeichnet jede Gemeinschaft, bei der zwei oder mehr Personen für eine kürzere oder längere Zeit in „gedanklicher Wechselwirkung" stehen.[24] Das können ganz verschiedene Gemeinschaften sein, Fleck nennt beispielsweise das Denkkollektiv der „Mode", das sehr groß ist, weil fast alle daran teilhaben. Dann gibt es lokale und flüchtige Denkkollektive, vielleicht, wenn wir uns eine Zeit lang mit jemandem in einem Café unterhalten. Je dauerhafter ein Denkkollektiv ist, desto mehr stabilisiert sich etwas, das Fleck den „Denkstil" nennt. Ihr kennt das vielleicht von längeren Freundschaften. Wenn ihr jemanden lange kennt, dann bilden sich bestimmte Selbstverständlichkeiten, Dinge so oder so zu sehen. Das betrifft nicht nur gemeinsames Wissen, sondern auch Arten zu urteilen. Ihr werdet beispielsweise wissen, wann ihr und euer Freund ein Verhalten wahrscheinlich ähnlich beurteilen werdet. Dann werdet ihr vielleicht gar nicht weiter darüber reden müssen, weil ihr schon wisst, wie ihr als Denkkollektiv die Situation beurteilt. Fleck bezeichnet nun genau dies, die Bereitschaft für ein gerichtetes Sehen und Handeln, als „Denkstil".

Wissenschaftliche Denkstile, auch diejenigen, die ihr erlernen werdet, sind durch bestimmte Rituale gekennzeichnet. Fleck beschreibt sie für seine eigene Wissenschaft: die Medizin. Am Anfang des Studiums steht erst einmal eine Phase, in der die Studierenden aus Handbüchern die Grundlagen ihrer Wissenschaft auswendig lernen müssen. Sie sind in dieser Phase dazu angehalten, nicht an dem Wissen zu zweifeln, sondern die Inhalte aufzunehmen und zu glauben. Es werden vereinzelt auch Begründun-

24 Fleck, *Entstehung und Entwicklung*, 54.

gen geliefert, aber das lässt sich realistischerweise nicht für jede relevante medizinische Tatsache leisten. Erst wenn die Studierenden diese Phase der „Abrichtung“ abgeschlossen haben und in das Denkkollektiv der Mediziner:innen aufgenommen sind, können sie eigene Forschungen durchführen und dann auch das von ihnen erlernte Handbuchwissen bezweifeln, aber erst dann und auch dann natürlich nur ganz bestimmte Aspekte.

Auch in den Geistes- und Kulturwissenschaften gehören bestimmte Eingangsrituale dazu, um zur Gruppe der anerkannten Wissenschaftler:innen zu gehören. Es gehört beispielsweise auch dazu, dass ihr euch eine bestimmte Ausdrucksweise und teils eigene Vokabeln aneignet, wie etwa „Dekonstruktion“ oder „Diskurs“. Falls ihr euch eine Zeit lang in dem Denkkollektiv bewegt und mit Teilnehmer:innen des Denkkollektivs austauscht, werdet ihr irgendwann die Sprachregeln aufnehmen und euch ähnlich verhalten. Über bestimmte Annahmen werdet ihr nicht mehr diskutieren, sondern davon ausgehen, dass sie einfach zutreffen. Ihr habt nämlich nicht nur eine bestimmte Technik gelernt, die Welt zu sehen, sondern eure Weltsicht in diesem Denkstil geprägt. Wir sehen sie gleichsam durch die Brille des Denkkollektivs.

Fleck meint deshalb, dass eine wissenschaftliche Tatsache nur eine Tatsache innerhalb eines bestimmten Denkstils sein kann. Der Denkstil bestimmt nicht nur, wie bestimmte Wörter gefärbt sind. Er bestimmt auch die Kriterien dafür, was die Mitglieder des Denkkollektivs als wahr und richtig betrachten. Dies möchte Fleck nicht als Relativismus[25] verstehen, sondern als einen „Relationismus“. Damit soll lediglich ausgedrückt werden, dass man bestimmte Grundannahmen braucht, in Relation zu denen andere Annahmen dann als zutreffend betrachtet werden. Und diese Grundannahmen sind nach Fleck eben nicht allgemein für alle Denkkollektive gleich, sondern können sich in verschiedenen Denkkollektiven unterscheiden. Dies gilt auch für unsere Denk-

25 Das Wort „Relativismus“ wird häufig in der Form der Polemik verwendet. Wenn jemand vorgeworfen wird, sie sei eine „Relativistin“, dann ist damit häufig die Kritik gemeint, diese Person habe überhaupt keine Grundsätze. Gemeint ist damit dann, dass jemand davon ausgehe, dass es keine Grundlage, kein Fundament gibt, auf dem Erkenntnisse aufbauen. Letztlich seien die Erkenntnisse und Werturteile, die wir fällen, deshalb „relativ“ zu bestimmten Annahmen, die wir aber nicht begründen könnten.

kollektive in den Geistes- und Kulturwissenschaften. Ob also die Ableitung der subjektiven Natur von Raum und Zeit bei Kant wirklich lückenhaft ist, wie es Trendelenburg behauptet hat, können gar nicht alle Menschen entscheiden, sondern ist eine Angelegenheit des Denkkollektivs der Philosoph:innen, vielleicht auch des kleineren Denkkollektivs der sogenannten „Neukantianer".[26]

***

Mit diesen kurzen Bemerkungen habe ich kaum an der Oberfläche gekratzt. Es gib eine sehr lange Tradition und einen Streit über genau die Frage, welche Bedeutung die soziale Natur der Wissenschaft eigentlich hat. Dass Wissenschaftler:innen wie alle anderen Menschen soziale Wesen sind, also in Gesellschaft leben und auch soziale Fähigkeiten wie das Sich-Austauschen mit anderen Wissenschaftler:innen brauchen, ist wohl unbestritten. Selbst das zurückgezogenste Genie bräuchte noch Bücher und natürlich Leute, die erkennen, dass hier etwas Geniales geschieht. Die meisten Wissenschaftler:innen treiben ihre Wissenschaften viel mehr in Gruppen, treffen sich auf Konferenzen, lesen wechselseitig Texte und so weiter. Was dies aber dann für die eigentlichen Inhalte der Wissenschaft bedeutet, ist nicht ganz klar und sehr umstritten. Wie ich eingangs bemerkt habe, habe ich Sympathie auch mit denjenigen, die die Objektivität und die Unabhängigkeit von wissenschaftlichen Aussagen von der Person der Wissenschaftlerin verteidigen. Wenn diese Position richtig eingesetzt wird, kann sie zu Emanzipation und größerer Gleichbehandlung etwa zwischen Frauen und Männern führen. Die Realität der Wissenschaftsgeschichte ist jedoch eine andere. De facto wurden über eine sehr lange Zeit Frauen aus dem Wissenschaftsbetrieb ausgegrenzt. Ein riesiges Problem, das uns heute nicht weniger beschäftigen sollte als in den letzten 200 Jahren, ist, dass die Universität ein sehr privilegierter Ort für Menschen aus Bildungsschichten ist. Dies gilt ganz besonders für solche Fächer, die auch historisch traditionell als Ausweis für Bildung gesehen wurden, wie etwa Philosophie, Geschichte oder die Philologien. Kaum jemand, der an universitären Seminaren teilgenommen hat und über die Formen nachgedacht hat, in denen Personen hier das

26 Neukantianer waren eine Gruppe von Philosoph:innen, die sich im 19. Jahrhundert auf die Philosophie von Immanuel Kant gestützt haben.

Wort ergreifen, welchen Raum sie für sich einnehmen, wird ernsthaft behaupten können, dass hier eine Gleichheit der Teilhabe vorherrsche. Was also am Ende als eine wissenschaftliche Tatsache in der Welt der wissenschaftlichen Gemeinschaften akzeptiert wird, mag letztlich vielleicht auf allgemeine Faktoren zurückzuführen sein. Das ist sehr schwer für alle möglichen wissenschaftlichen Tatsachen zu entscheiden. Wer aber auf eine Position kommt, um etwas als wissenschaftliche Tatsache zu behaupten, gehört nicht zufällig häufig einer Bildungsschicht an, ist männlich und schläft außerdem abends nicht mit der Sorge ein, wie die finanzielle Sicherheit des eigenen Lebens in Zukunft gewährleistet werden kann.

Ich habe erlebt, dass es einen großen Druck erzeugen kann, wenn behauptet wird, dass wissenschaftliches Arbeiten, oder einfach „vernünftiges Denken" doch letztlich allen Menschen zugänglich sein müsse. Gerade Menschen, die noch nicht von klein auf in den Umgangsformen und Inhalten akademischen Denkens geschult wurden, können das als belastend empfinden. Teil eines Denkkollektivs zu werden, bedeutet eben mehr, als einfach nur die Wahrheit bestimmter Aussagen einzusehen. Es bedeutet, bestimmte typische Umgangsformen zu erlernen, bestimmte Formen, zu diskutieren. In manchen Disziplinen wird die Autorität der Lehrpersonen stark geachtet, in anderen Disziplinen nicht. Manche Fächer fördern und fordern Kritik und offenen Meinungsaustausch, in anderen Bereichen ist das eher nicht so gerne gesehen. Auch an die Art und Weise, sich in bestimmten Fächern auszudrücken, muss man sich oft erst einmal gewöhnen und einiges muss man vielleicht auch erst lernen. Wenn ihr also merkt, dass es hier offenbar mehr zu lernen gibt, als lediglich bestimmte Inhalte und Argumente, dann ist das ganz normal und ähnelt den Aufnahmeritualen, die sich auch in anderen Denkkollektiven finden.

Wie gliedere ich meine Arbeit?

Wenn ihr zu Hause oder in der Bibliothek sitzt, um eine Hausarbeit oder eine Abschlussarbeit zu schreiben, wird euch vielleicht eine vorläufige Gliederung, die ihr handschriftlich notiert oder ausgedruckt auf den Tisch legt, dabei helfen, die Übersicht darüber zu behalten, was ihr schon getan habt, und was es noch zu tun gibt.

Eine gute Gliederung hat zwei Funktionen: Am Beginn eurer Arbeit dient sie euch als Arbeitswerkzeug, am Ende dient sie euren Leser:innen dazu, einen besseren Überblick über euren Text zu gewinnen. Wenn ihr anfangt, über euren Schreibprozess nachzudenken, dann hilft euch eine Gliederung dabei, eine erste Idee davon zu gewinnen, wie die einzelnen Teile der Arbeit aussehen werden und auch, wie lang sie ungefähr sein sollten. Auch wenn ihr euch natürlich Mühe geben solltet, eine solche Gliederung gut auszuarbeiten, heißt das nicht, dass ihr am Ende alles genau so machen werdet, wie ihr es euch vorgenommen habt. Meistens werdet ihr feststellen, dass sich während der Ausarbeitung eures Plans Änderungen ergeben. Vieles wird euch jetzt nicht mehr so sinnvoll erscheinen, wie am Anfang der Arbeit, so dass ihr die Gliederung umarbeiten müsst. Wenn ihr jetzt denken solltet, dass deshalb der Plan am Anfang nicht gut war, dann ist das nur zum Teil richtig. Ihr konntet am Anfang eben noch nicht wissen, dass eine andere Gliederung sinnvoller gewesen wäre. Also habt ihr etwas gelernt und das ist grundsätzlich gut! Wenn ihr mit eurer Arbeit fertig seid, wird eine Gliederung in Form eines Inhaltsverzeichnisses euren Leser:innen helfen, sich in eurem Text zu orientieren. Diese Gliederung wird immer mindestens drei Teile enthalten: eine Einleitung, einen Hauptteil und einen Schluss. Vielleicht werden die Teile je nach Disziplin ein wenig andere Namen haben, aber grundsätzlich müssen diese drei Teile immer enthalten sein: ein Teil, in dem ihr vorstellt, was für eine Fragestellung ihr habt und auf welcher Basis ihr diese Fragestellung erarbeiten möchtet; ein Teil, in dem ihr durchführt, was ihr in der Einleitung versprecht, und ein Teil, der die Ergebnisse zusammenfasst und vielleicht darauf hinweist, was man noch tun könnte.

Diese Struktur von wissenschaftlichen Arbeiten zu lernen, hat – abgesehen davon, dass ihr es selber können müsst – noch einen weiteren Vorteil: Grundsätzlich sind auch Forschungsbeiträge auf diese Art verfasst. Wenn ihr diese Struktur also lernt, könnt ihr auch Forschungsbeiträge von anderen Wissenschaftler:innen leichter verstehen, denn ihr wisst dann schon in etwa, welcher Inhalt an welcher Stelle des Textes zu finden sein wird.

Einleitung

In der Einleitung erklärt ihr euren Leser:innen, welche Fragestellung ihr in eurer Arbeit verfolgt (→ Kapitel Fragestellung), wie ihr sie verfolgen wollt, anhand von welchem Material ihr das tun möchtet und wie ihr euch zur Forschung positioniert, die zu der Frage vorliegt, zu dem ihr mit eurer Arbeit beitragt. Am Ende der Einleitung sollte euren Leser:innen also klar sein, was ihr euch konkret gefragt habt, was ihr dann getan habt, um diese Frage zu beantworten und welches Material ihr verwendet habt, um dies zu tun. In unterschiedlichem Ausmaß wird diese Einleitung auch argumentieren müssen: Warum eignet sich gerade dieses Material zur Beantwortung der Fragestellung? Warum untersucht ihr die Fragestellung auf diese Weise? In welchen Punkten hat sich die Forschung geirrt, was hat sie noch nicht bearbeitet? Wenn ihr eine konkrete Hypothese in Bezug auf eure Fragestellung vertretet, sollte auch diese in der Einleitung dargelegt werden.

Wenn ihr ins Studium einsteigt, werdet ihr allerdings merken, dass für viele Bereiche so viel Forschungsliteratur vorliegt, dass ihr nicht alles lesen könnt. Denkt daran, dass es oft auch noch darum geht, Techniken wissenschaftlichen Schreibens zu lernen und meistens nicht von euch erwartet wird, dass ihr einen erschöpfenden Forschungsbericht zu, sagen wir mal, Goethes *Wilhelm Meister* vorlegen sollt. Das wäre ganz und gar unmöglich im Rahmen einer Hausarbeit. Aus genau diesem Grund ist es auch gerade in den ersten Hausarbeiten nicht einfach, zu sagen, warum eine bestimmte Fragestellung Relevanz für die Forschung in eurem Fach oder in einem weiteren Sinne hat. Die Frage ist sicher nicht falsch, denn es ist nicht unnütz darüber nachzudenken, inwieweit das, was man macht, auch für andere Bedeutung haben kann. Ihr könnt sie also im Hinterkopf behalten, solltet euch allerdings nicht allzu sehr beunruhigen lassen, wenn ihr nicht zu jedem Zeitpunkt sagen könnt, warum und für wen die Fragestellung eurer Hausarbeit Relevanz besitzt.

Ihr könnt euch ungefähr an einem grundlegenden Schema für die Einleitung orientieren, auch wenn je nach Fragestellungen Abweichungen davon nötig werden können:

Fragestellung
Erläuterung der Fragestellung

Vorgehen zur Beantwortung der Fragestellung/Methode

Material/Quellen
Darstellung des Materials, auf das sich eure Arbeit stützt; Begründung dafür, warum gerade dieses Material für die Beantwortung eurer Fragestellung sinnvoll ist

Forschungsstand
Hier sollte der Forschungsstand dargestellt werden, der ganz konkret für eure Fragestellung relevant ist und nicht etwa ganz allgemeine Forschungen in den Kulturwissenschaften, die ihr zwar auch gelesen habt, die aber nicht ganz spezifisch auf eure Fragestellung bezogen ist.

In der **Fragestellung** können beispielsweise erläuterungsbedürftige Begriffe vorkommen. Eine Fragestellung wie etwa „Welche Machtdispositive lassen sich anhand von amerikanischen Ratgebern für das Militär in Deutschland in der unmittelbaren Nachkriegszeit darstellen?" enthält etwa das Wort „Machtdispositive", das in der kulturwissenschaftlichen Forschung unterschiedlich verwendet wird. Hier müssten wir also erklären, was wir konkret damit meinen, damit die Leser:innen die Fragestellung verstehen können. Manchmal kann es sinnvoll sein, schon bei der Fragestellung ein wenig über den Forschungsstand zu referieren, etwa, wenn eine Fragestellung sich ganz konkret auf eine bestimmte Forschungsposition bezieht. „In dieser Arbeit soll gefragt werden, inwiefern die These von Jürgen Habermas zur Entwicklung der ‚Öffentlichkeit' im 18. Jahrhunderts einer kritischen Rekonstruktion standhält" ist bspw. eine Frage, bei der es in der Erläuterung sinnvoll ist, kurz die These von Habermas in Erinnerung zu rufen, damit die Leser:innen verstehen, was der Gegenstand der Arbeit ist. Ihr seht, dass man sich bei der Darstellung der Fragestellung etwas Gedanken darüber machen muss, was die Leser:innen wissen müssen, um dem Text folgen zu können. Es ist manchmal hilfreich, sich beim Schreiben des Textes eine ganz konkrete Person vorzustellen – eine Mitstudentin oder die Lehrperson etwa –, der ihr dann erklärt, was ihr tun möchtet. Das hilft, den Text lesbar zu machen. Für euch selbst ist es nützlich, euch darüber klarzuwerden, was ihr tun möchtet.

Material/Quellen: Hier solltet ihr darstellen, welches Material ihr verwendet, um eure Fragestellung zu beantworten. Manchmal kann das schon in der Fragestellung so deutlich sein, dass eine weitere Erläuterung sich erübrigt. Wenn ihr etwa fragt „Welche Erzählstrategien verwendete Denis Diderot in *Le neveu de Rameau*?", dann ist aus der Fragestellung schon ersichtlich, dass ihr den Roman *Rameaus Neffe* von Diderot als primären Gegenstand untersuchen werdet. Vielleicht verwendet ihr eine historisch-kritische Ausgabe oder zieht noch zeitgenössische Übersetzungen heran, was ihr dann im Abschnitt über das Material darlegen könnt. Bei anderen Fragestellungen ist es weniger selbstverständlich, welches Material zu ihrer Beantwortung herangezogen werden kann. „Was waren die medialen Strategien im Wahlkampf der SPD zur Landtagswahl in Niedersachsen?" ist etwa eine Frage, die erst einmal nicht ganz deutlich einen bestimmten Materialtypus zum Gegenstand nimmt. Hier muss etwas mehr argumentiert werden, warum ein bestimmter Ausschnitt des Materials, das insgesamt zur Verfügung stünde, gewählt wurde. Es wäre bspw. denkbar, Interviews mit Wahlkampfmanager:innen der SPD zu führen, man könnte sich das Material anschauen, das im Internet zugänglich ist, oder auch Aufnahmen von Wahlkampfveranstaltungen. Je nachdem, welche Entscheidung hier getroffen wird, wird sich eine andere Perspektive auf den Gegenstand eröffnen und ihr müsst euch fragen und euren Leser:innen darlegen, in welcher Weise eure Materialauswahl diese Perspektive mitbestimmt.

Vorgehen/Methode: In diesem Abschnitt solltet ihr – knapp! – darlegen, für welche Methode ihr euch entschieden habt und begründen, warum sie in eurem Fall geeignet ist. Es vereinfacht eure Arbeit, wenn bereits methodologische (methodologisch: über die Methode reflektierend, also Texte, die über eine oder mehrere Methoden handeln) Texte vorliegen, an denen ihr euch orientieren könnt und auf die ihr in diesem Teil verweisen könnt.

Forschungsstand: Wie das Sprichwort sagt, sind wir „Zwerge auf Schultern von Riesen"; die Riesen, das sind die vielen Forschungsarbeiten, die im geistes- und kulturwissenschaftlichen

Bereich schon geleistet wurden. Es ist nicht zuletzt eine Frage der Höflichkeit, die Arbeiten von anderen Forscher:innen zu lesen und zu würdigen, wenn man eine eigene wissenschaftliche Fragestellung verfolgt. Sonst würde man zuletzt Gefahr laufen, das Rad zweimal zu erfinden. Der Forschungsstand dient dazu, die Leserin darüber zu informieren, an welche Forschungen ihr anschließt und welche ihr kritisieren möchtet. Wenn ich hier schreibe, dass es eine Frage der Höflichkeit ist, die Forschungen anderer wahrzunehmen, solltet ihr andererseits auch nicht übertrieben viel Respekt haben. Wenn ihr gut begründen könnt, warum eine bestimmte Forschungsposition korrigiert werden muss, dann tut das, auch wenn möglicherweise hinter dieser Position ein großer Name steht.

Hauptteil

Zum Hauptteil einer Hausarbeit oder Abschlussarbeit lässt sich hier nicht viel sagen. Zu viel hängt davon ab, welche Vorgehensweise und welches Material ihr wählt. Häufig wird es ganz arbeitspraktisch so sein, dass ihr eure Arbeit überhaupt mit einer groben Gliederung beginnt. Dann fangt ihr nicht mit dem Schreiben der Einleitung an, sondern mit Abschnitten aus dem Hauptteil. Normalerweise ist es so, dass vor der Niederschrift des Hauptteils der Arbeit, gleich ob es sich um eine Hausarbeit oder um ein Buch handelt, noch gar nicht vollkommen klar ist, wie das Material bearbeitet wird (Methode) und welches Material schließlich analysiert wird. Üblicherweise ist es so, dass ich und auch die Studierenden, deren Arbeiten ich betreue, ihre Kräfte und auch den Raum, den eine Hausarbeit bietet, überschätzen, so dass am Ende weniger gemacht werden kann, als am Anfang geplant. Deshalb ist es für viele Studierende nicht schlecht, den Arbeitsprozess so zu gestalten. Doch nicht für alle! Ein wesentlicher Rat ist auch, dass ihr von Anfang an darauf achtet, zu welchem Schreib- und Arbeitstyp ihr gehört. Es gibt durchaus Autor:innen, die vor der Niederschrift einer Arbeit, bis auf kleine Details, die ganze Arbeit in Grundzügen im Kopf haben und deshalb wirklich einen Schreibprozess haben, der mit der Einleitung beginnt und mit dem Literaturverzeichnis endet.

Schluss

Der Schluss einer Arbeit kann unterschiedliche Zwecke verfolgen. In Hausarbeiten dient er im Wesentlichen dazu, die Ergebnisse des Hauptteils zusammenzufassen, sie noch einmal auf die Fragestellung aus der Einleitung zu beziehen und eventuell einen Ausblick zu bieten. In diesem Ausblick könnt ihr, falls das nötig ist, noch einmal darüber reflektieren, welche Aspekte eures Themas möglicherweise weiter untersucht werden müssten, wie sich die Erforschung des Themas fortführen ließe usw. Dies ist der typische Schluss, den ihr auch in wissenschaftlichen Publikationen, seien es Aufsätze oder Monographien, meistens finden werdet. Es gibt aber natürlich auch Ausnahmen, wie Autor:innen mit dem Schlusskapitel umgehen. Anders als der Hauptteil ist der Schluss einer Haus- oder Abschlussarbeit, wie auch die Einleitung, relativ stark normiert. Normalerweise sollten hier keine neuen Informationen oder Argumente präsentiert werden, denn der Schluss dient wirklich dazu, der Leserin knapp die Ergebnisse der Arbeit, meist ohne die Begründung – die ja der Hauptteil liefert –, zu präsentieren.

Allgemeines zur Gliederung

Es gilt für alle Aspekte des wissenschaftlichen Arbeitens, so auch hier, dass ihr von den Regeln abweichen könnt. Wissenschaftliches Arbeiten sollte grundsätzlich Kreativität belohnen, denn wie ja schon in den vorangegangenen Kapiteln deutlich wurde: Es geht darum, neues Wissen und auch neue Wissensformen zu prägen. Kreativität ist aber auch ein etwas riskantes Geschäft, denn wenn ihr euch abseits der ausgetretenen Pfade durchschlagt, dann besteht durchaus die Möglichkeit, dass ihr stolpert. Wenn ihr also von den etablierten Formen und Wissensinhalten abweicht, was prinzipiell sehr wünschenswert ist, dann überlegt euch, wie ihr das tut. Ein Studium ist eine beinahe einmalige Möglichkeit, solche Erfahrungen zu sammeln und sich mit anderen Studierenden und Dozierenden auszuprobieren. Hierbei ist eine Fähigkeit, die ihr erlernen könnt, die traditionellen Formen wissenschaftlichen Arbeitens und Schreibens zu beherrschen. Die vielleicht noch wichtigere Fähigkeit ist jedoch, erkennen zu können, wann eine Ausweitung der manchmal ein bisschen verstaubten Formen nötig, attraktiv und für die Wissenschaft weiterführend ist. Ihr werdet feststellen, dass das zuletzt ein kreativer und schöner Prozess sein kann. Wichtig wird für euch dabei auch sein, einschätzen zu lernen, welche Lehrpersonen für eure Perspektive auf das wissenschaftliche Arbeiten offen sind, denn auch die Lehrpersonen haben unterschiedliche Vorlieben und Perspektiven. Das passt manchmal besser und manchmal schlechter.

Insgesamt solltet ihr also eine Standardgliederung einer Hausarbeit als hilfreiche Orientierung betrachten, die ihr als Werkzeug, als Instrument, nutzen könnt, die aber keineswegs als ehernes Gesetz missverstanden werden darf. Wie für alle anderen Behauptungen und Aussagen in diesem Buch gilt, dass ihr das benutzen solltet, was euch nützt, und was euch nicht weiterbringt, getrost vergessen könnt.

Muss ich mich sensibel ausdrücken und ethisch forschen?

Forschungsethik

In den Geistes- und Kulturwissenschaften spielen die Themen Sprache und Forschungsethik auf anderen Ebenen eine Rolle als beispielsweise in der Medizin, der Physik oder der Psychologie. Besonders forschungsethische Fragestellungen wurden in den Geistes- und Kulturwissenschaften deutlich später thematisiert als etwa in Psychologie oder Medizin, wo der Umgang mit Versuchspersonen in der Forschung besonders nach den medizinischen Verbrechen der Nazis im Zweiten Weltkrieg natürlich ein zentrales Thema ist. In den Geistes- und Kulturwissenschaften spielen ethische Überlegungen jedoch ebenfalls eine Rolle, wenn auch in einer anderen Weise. Wie ich im Kapitel über „Kultur" noch ausführlicher beschreiben werde, ist die Frage, wer in einer Gesellschaft darüber bestimmen darf, was zur Kultur gehört, wie sie richtig ausgelegt werden sollte, was für Regeln sie beinhaltet, eine wichtige Frage. Sie ist deshalb wichtig, weil damit ganz konkret die Verfügung über materiellen Besitz und Einfluss verbunden sind: Wer erhält Fördergelder? Wer wird an offiziell geförderten Kulturinstitutionen beschäftigt? Wissenschaftler:innen an Universitäten in den Geistes- und Kulturwissenschaften entscheiden durch ihre Publikationen, durch die Wahl ihrer Forschungsgebiete usw. mit, welche Bereiche auch öffentlich als berechtigte Teile von Kultur- und Geistesleben betrachtet werden.

Gerade am Anfang eures Studiums, wenn ihr selber noch nicht publiziert und erst einmal Wissen aufnehmen werdet, ist das vielleicht noch nicht ganz deutlich. Aber die Wahrscheinlichkeit, dass auch ihr einmal in eine Position geratet, in der ihr über einen mehr oder weniger großen Teil der legitimen Kultur entscheiden dürft, ist sehr hoch. Ob das in der Denkmalpflege ist, in der Schule, an der Universität oder in einer sonstigen Kulturinstitution: Ihr werdet vermutlich auch in irgendeiner Weise Träger:innen dessen sein, was der Soziologe Pierre Bourdieu die „offizielle Sprache" (und man kann hinzufügen: Kultur) nennt.[27] Damit wollte er dar-

27 Pierre Bourdieu, *Language and Symbolic Power* (London: Polity Press, 1991).

auf hinweisen, dass es eine gesellschaftlich einflussreiche Gruppe gibt, die entscheidend darüber bestimmen kann, was „richtige" und „falsche" Sprache ist. Ein Studium ist eine Eintrittskarte, um Teil dieser Gruppe zu werden.

Mit welchen ethischen Fragestellungen ihr in eurem zukünftigen Tätigkeitsfeld konfrontiert werdet, kann ich nicht voraussagen. Hier geht es mir nur darum, darauf hinzuweisen, dass solche Fragestellungen existieren. Wenn ihr dann später in Kulturinstitutionen arbeiten werdet, wird es wichtig sein, dass ihr dafür sensibel seid. Ich möchte hier nur zwei Beispiele geben:

Kulturgüter

In den Kulturwissenschaften, besonders solchen, die sich mit musealen Objekten befassen, stehen Fragen im Zentrum, die den gerechten Umgang mit Kulturgütern betreffen. Oft wird dort mit Objekten umgegangen, die aus ehemaligen Kolonien stammen. Auch in deutschen Museen lagern in den Archiven und Depots viele solcher Kulturgüter, wie etwa die sehr bekannten Benin-Bronzen, die nach langen Diskussionen bald an Nigeria zurückgegeben werden. Es handelt sich um eine mehr als 400 Jahre alte Gruppe von Kunstobjekten aus Benin, von denen ein Teil in verschiedenen deutschen Museen lagert. Benin wurde im Jahr 1897 von Großbritannien überfallen und die Kunstobjekte wurden aus dem Königspalast geraubt. Das damalige Deutsche Reich kaufte einen Teil dieser Beutekunst. Bei diesen Objekten ist also ganz unstrittig und überdies schon lange bekannt, dass sie in verbrecherischer Weise erworben wurden. Es müsste damit eigentlich außer Frage stehen, dass ein sensibler Umgang, der die Nachfahren der betroffenen kolonisierten Menschen einbezieht, selbstverständlich ist. Leider ist dies zwar theoretisch selbstverständlich, wird praktisch aber oft nicht umgesetzt. Im Fall der Benin-Bronzen wurde erst im Jahr 2021 entschieden, dass sie an Nigeria zurückgegeben werden sollten. Nicht selten wird der Grund einer derart verzögerten Rückgabe wohl darin liegen, dass es am Ende irgendeine Bereitschaft meist westlicher Länder dafür geben müsste, auf Teile ihres Besitzes an Kulturschätzen freiwillig zu verzichten. Denn häufig ist es so, dass die Menschen aus den Regionen, aus denen die Kulturgüter stammen, nicht besonders große Möglichkeiten besitzen, politischen Druck aufzubauen, so dass Forderungen nach der Restitution von Kulturgütern selten aussichtsreich sind. Falls ihr euch für dieses heutzutage sehr wichtige und politisch viel diskutierte Thema mehr interessiert, dann empfehle ich euch die Bücher der Kunsthistorikerin Bénédicte Savoy. Eines der neuesten Bücher trägt den Titel *Afrikas Kampf um seine Kunst* (2021).[28] Darin untersucht sie die Geschichte der vergeblichen Kämpfe verschiedener afrikanischer Länder um die Rückgabe kolonialen Raubguts und sonstiger aus Afrika stammender Kulturgüter.

Forschungsthemen und Deutungen

Nicht nur der Besitz von materiellen Kulturgütern, auch die Kontrolle über Deutungen kann zu einer ethischen Frage werden. In den Geistes- und Kulturwissenschaften geht es häufig um Deutungen. In der Geschichte wird beispielsweise über die Deutung des Ersten und Zweiten Weltkriegs gestritten. Es liegt auf der Hand, dass der Streit über diese Deutungen eine ethische oder politische Frage ist. Ein Beispiel für eine Diskussion, die bereits seit längerem im Gange ist und vermutlich in den nächsten Jahren fortgeführt werden wird, ist, wie die Geschichte der DDR zu bewerten ist. Wenn ihr euch mit solchen Fragen befasst, dann gibt es dafür kein klares Rezept. Schließlich wird es auch davon abhängen, welche Haltung ihr zu diesen Fragen einnehmen werdet. Trotzdem wird es nicht umsonst sein, wenn ihr euch eine Reihe von Fragen stellt:

- Wer bin ich und wie wird meine Deutung wohl von denen betrachtet werden, deren Geschichte ich deute? Um beim DDR-Beispiel zu bleiben: Wenn ich mich dazu entscheiden sollte, ein Thema aus dem Bereich der Geschichte der DDR zu erforschen, kann ich mich als Mensch, der nicht in der DDR aufgewachsen ist, fragen, ob meine Deutung wohl als eine faire Form der Geschichtsschreibung betrachtet werden wird. Das bedeutet nicht, dass man sich jedes Urteils enthalten muss, es ist aber oft nützlich, sich die eigene Position zu vergegenwärtigen, bevor ein Urteil gefällt wird.
- Habe ich mich darum bemüht, auch Forschungspositionen von Forscher:innen weniger bekannter Institutionen zu berücksichtigen (→ Kapitel „Wie zitiere und recherchiere ich?“)? Die Rankings, die von den zentralen Suchmaschinen für wissenschaftliche Ar-

28 Bénédicte Savoy, *Afrikas Kampf um seine Kunst. Geschichte einer postkolonialen Niederlage* (München: C.H. Beck, 2021).

beiten angeboten werden, bevorzugen Publikationen, die von vielen anderen Publikationen zitiert werden. Das ist natürlich grundsätzlich kein schlechter Indikator, denn so finden wir heraus, welche Publikationen auch wirklich gelesen werden. Doch die Zitationspraxis bevorzugt Personen von sehr bekannten, fast immer westlichen Forschungseinrichtungen und benachteiligt Forscher:innen aus dem globalen Süden. Um diesem Effekt entgegenzuarbeiten, müssen wir aktiv korrigieren und bewusst nach Publikationen solcher Forscher:innen suchen.

* * *

Dies sind nur zwei von sehr vielen möglichen Beispielen, die zeigen, dass ethische Fragestellungen, Fragen nach der Gerechtigkeit, auch in den Geistes- und Kulturwissenschaften eine Rolle spielen. Diese Fragen spielen einmal beim Umgang mit den Gegenständen dieser Wissenschaften eine Rolle (Kulturgüter), betreffen aber überdies die Rolle unserer Wissensformen in einem gesellschaftlichen Feld. Ein universitäres Studium verschafft euch ein gewisses symbolisches und soziales Kapital (→ Kapitel „Kultur und gesellschaftliche Macht – Pierre Bourdieu") und damit einen Einfluss, den andere Personen vielleicht nicht haben. Damit geht auch Verantwortung einher, mit den gewonnenen Möglichkeiten gewissenhaft umzugehen.

Diversitätssensible Sprache

Innerhalb der Geistes- und Kulturwissenschaften haben sich im letzten Jahrhundert verschiedene Forschungsfelder herausgebildet, die sich mit Formen gesellschaftlicher Benachteiligung befassen. Darunter fällt etwa der Bereich der Gender Studies, der sich mit der Frage befasst, in welcher Weise das Geschlecht von Personen in unterschiedlichen gesellschaftlichen Konstellationen eine Rolle spielt und wie bestimmte Geschlechter benachteiligt oder bevorzugt werden. Außerdem wird hier danach gefragt, wie überhaupt eine Vorstellung von „Geschlecht" gebildet wird und mit welchen sozialen Zwängen dieser Prozess einhergeht. Ein anderer Bereich, die Disability Studies, befasst sich in ähnlicher Weise mit der Geschichte und den Veränderungen der Bewertung von Formen der Behinderung. Queer Studies nehmen sog. queere

Identitäten in den Blick, die sich dagegen wehren, sich einer klaren und herkömmlichen sexuellen Zugehörigkeit zu verschreiben. Diese akademische Beschäftigung mit dem Thema ist ein Resultat und eine Fortführung von politischen Kämpfen, die innerhalb des Feminismus, der Proteste Schwarzer Menschen, der Deaf Community, von queeren Menschen und anderen ausgefochten wurden. Dabei haben die akademischen Formen des Umgangs mit diesen Themen meist den Kontakt mit dem politischen Aktivismus bewahrt. Eine wesentliche Einsicht dieser akademisch-politischen Bewegungen ist, dass die gesellschaftliche Vorherrschaft bestimmter Personengruppen sich auch in der Sprache äußert, in ihr gespiegelt und teils von ihr aufrechterhalten wird.[29] In der deutschen Sprache wurde und wird teils noch immer für die Generalisierung beispielsweise die männliche Form verwendet. So konnte das Wort „Studenten" (heute Studierende) dazu verwendet werden, sich sowohl auf Studentinnen als auch auf Studenten zu beziehen. Dadurch fühlen sich Menschen, die sich als Frauen sehen, weniger angesprochen; empirische Studien haben bspw. gezeigt, dass Frauen sich mehr für klassische Männerjobs interessieren, wenn sie auch in der Sprache adressiert werden.[30] Zudem ist der Apell für eine gerechtere Sprache als Möglichkeit betrachtet worden, eine hörbare politische Forderung zu erheben. Denn Sprache betrifft letztlich alle Bürger:innen. Aus diesem letzten Grund kann es als gerechtfertigt erscheinen, dass die Formen der geschlechtergerechten

---

29 Dazu gibt es mittlerweile sehr viele Forschungen, die ich hier nicht alle nennen kann. Einen sehr schönen und poetischen Beitrag zur Frage des Verhältnisses von Literatur, Sprache, Macht und rassistischer Ausgrenzung hat meiner Meinung nach Toni Morrison geleistet. Sie hat als erste Schwarze Frau im Jahr 1993 den Literaturnobelpreis erhalten. Die Rede, die sie hielt, spricht viele Themen sensibler Sprache auf eine schöne Weise an: Toni Morrison, „Nobel Lecture", https://www.nobelprize.org/prizes/literature/1993/morrison/lecture/ (zuletzt abgerufen 3.7.2022).

30 Jane G. Stout und Nilanjana Dasgupta, „When He Doesn't Mean You. Gender-Exclusive Language as Ostracism", *Personality and Social Psychology Bulletin* 36, Nr. 6 (2011): 757–69. Eine andere empirische Studie ist: Josef Klein, „Der Mann als Prototyp des Menschen – immer noch? Empirische Studien zum generischen Maskulinum und zur feminin-maskulinen Paarform", in *Adam, Eva und die Sprache. Beiträge zur Geschlechterforschung*, hg. von Karin Eichhoff-Cyrus (Mannheim: Dudenverlag, 2004), 292–307.

Sprache (Student_innen, Student*innen, Student:innen) sich öfter einmal verändern. Schließlich geht es nicht darum, dem Inventar der Sprache lediglich ein weiteres Element hinzuzufügen, sondern das Bewusstsein der Menschen für Formen der Benachteiligung zu schärfen, so dass die sich rasch einstellende Schläfrigkeit durch die kontinuierliche Arbeit an der Sprache vermieden werden kann.

Die Frage nach der sensiblen, geschlechter- und diversitätsgerechten Sprache ist auf diese Weise etwas geworden, das in Feuilletons deutscher Zeitungen und Zeitschriften in den letzten Jahren und mittlerweile Jahrzehnten oft heiß diskutiert wurde. Ihr habt sicher schon bemerkt, dass ich mich in diesem Buch für die Verwendung von diversitätssensibler Sprache entschieden habe. Insofern werde ich hier auch konsequenterweise Argumenten für deren Verwendung ein stärkeres Gewicht geben. Ich möchte aber fairerweise auch Stimmen berücksichtigen, die Skepsis und Kritik äußern.

Ein Argument, das ich überhaupt nicht teile und für eine reine konservative Rhetorik halte, ist das folgende: Personen, die eine Anpassung der Sprachnormen ablehnen, führen oft ins Feld, dass dies nicht der natürlichen, organischen Entwicklung der Sprache entsprechen würde. Sprache, so meinen sie, dürfe sich nicht aufgrund von theoretischen Einsichten, die an universitären Einrichtungen gebildet würden, verändern, sondern solle sich aufgrund der gemeinsamen Aktivität aller Sprecher:innen langsam und allmählich an die veränderten gesellschaftlichen Realitäten anpassen. Geschlechtergerechte Sprache, wie die Einführung des Gendersternchens (Student*innen) oder des Genderdoppelpunkts (Student:innen), früher des Unterstrichs (Student_innen), das sei letztlich der autoritäre Versuch einer kleinen machtorientierten Clique, die Herrschaft über die Sprache zu erlangen.[31]

Die wirkliche gesellschaftliche Machtverteilung sieht freilich anders aus. Es besteht so ein starker Verdacht, dass die konservativen Gegner:innen geschlechtergerechter Sprache einfach eine Einschränkung ihrer Macht befürchten und sich deshalb zur

31 Eine kurze und konzise Diskussion einer solchen Position findet sich in: Hans-Jürgen Bucher, Martha Kuhnhenn und Daniel Pfurtscheller, „Linguistische Strohmänner. Die Instrumentalisierung der Sprachwissenschaft in Rudolf Stöbers Kritik gendergerechter Sprache", *Publizistik* 66 (2021): 431–37.

Wehr setzen. Diese Haltung ist erwartbar und zeigt gewissermaßen, dass der Streit um den Gebrauch von Worten in der Tat politisch wirksam ist: Wenn es Personen gibt, die sich wehren und die Mühe auf sich nehmen, lange Artikel gegen die Verwendung gendergerechter Sprache zu veröffentlichen, dann wurde ganz offenbar ein Nerv getroffen.

Eine weitere Besorgnis könnte sein, dass durch die Debatte über das Gendern, statt die Kräfte in die reale Verbesserung der Situation von benachteiligten Gruppen zu investieren, viel Energie in Stellvertretergefechte investiert werde, die letztlich ineffektiv blieben. Statt sich um Sachen zu streiten – Angleichung von Gehältern, Betreuungszeiten usw. – hätte man zwar eine gerechtere Sprache, aber keine gerechtere Welt. Das führe letztlich dazu, die Menschen über die Ungerechtigkeit der Welt hinwegzutrösten und ihnen den subjektiven Eindruck zu vermitteln, einen Sieg errungen zu haben. In Wirklichkeit habe man die wirklich starken politischen Forderungen aufgegeben und sich mit einem Trostpreis zufriedengegeben, der nun zwar auf dem Kaminsims gut aussieht, aber immer noch von den Frauen abgestaubt werde, um ein wenig metaphorisch zu sprechen.

Eine letzte Sorge, die in Bezug auf die Verwendung sensibler Sprache geäußert wurde, ist: Die Verwendung gendergerechter Sprache erweckt zwar den Anschein, sich für benachteiligte Gruppen einzusetzen. In Wirklichkeit dient sie aber nur dazu, dass bestimmte Einzelpersonen aus einer eingeweihten Clique eine Karriere an der Universität machen können. Für die Verbesserung von benachteiligten Gruppen werde in der Perspektive dieses Arguments nicht wirklich viel geleistet. Tatsächlich spiegele sich in der Verwendung sensibler Sprachen einfach, wer zur Gruppe der Eingeweihten gehöre und wer nicht. Dieses Argument lässt sich nicht leicht vom Tisch wischen und kann uns darauf hinweisen, dass wir auch mit der sensiblen Sprache sensibel umgehen sollten. Nicht alle, die keine gendergerechte Sprache verwenden, wollen aggressiv stören. Vielleicht bewegen sie sich einfach nicht in den Kreisen, in denen das Thema stark diskutiert wird. In solchen Situationen auf dem eigenen Standpunkt zu beharren, wird sicher nicht dazu führen, den Graben zwischen den Gruppen in der Diskussion zu verkleinern. Wenn ihr allerdings an der Universität studiert und dort Hausarbeiten schreibt, dann ist es unwahrscheinlich, dass euch eine Beschäftigung mit der Frage, ob sensible Sprache sinnvoll ist oder nicht, überfordern wird. In diesem Kontext spricht also eigentlich nichts dagegen, diversitätssensible Sprache zu verwenden und wird am ehesten so verstanden werden, dass ihr Forderungen nach mehr Gleichbehandlung benachteiligter Gruppen unterstützt. Aus meiner Sicht spricht nichts gegen eine solche Unterstützung, weshalb ich mich in diesem Buch für die Verwendung von sensibler Sprache entschieden habe.

Die Diskussion über sensible Sprache ist natürlich noch viel größer, als diese kurzen Bemerkungen erahnen lassen können. Wenn ihr euch zum Nachdenken angeregt gefühlt habt, dann betrachte ich den Zweck dieser Ausführungen aber als erfüllt. Die Diskussion ist sicher nicht abgeschlossen und wie bei allen unmittelbar politischen Fragen weiter relevant. Es ist sicher nicht vergeblich, wenn ihr euch mit ihr befasst.

* * *

Die Teilhabe an kulturellem Wissen und die Gewandtheit im Umgang mit geistesgeschichtlich als relevant betrachteten Inhalten ist eine andere Art von Wissen, als es etwa in der Physik vermittelt wird. Es ist immer noch so und wird vermutlich auch noch für eine längere Zeit so sein, dass diese Arten von Wissen und Können allgemein dazu führen, dass jemand als gebildet betrachtet wird. Damit geht ein gewisses Maß an Macht einher. Die Verteilung dieser Macht ist eine ethische Frage. Dies wird zum einen bei bestimmten Forschungsgegenständen deutlich, wie dem oben erwähnten kolonialen Raubgut. Wir können uns aber darüber hinaus ganz allgemein fragen, ob die Art und Weise, wie wir in Seminaren, in Berufen und so weiter mit den Formen geistes- und kulturwissenschaftlichen Wissens umgehen, Anforderungen an Fairness und Gerechtigkeit genügen. Diese Frage kann ich hier weder beantworten, noch im Ansatz erschöpfend diskutieren, wenn ihr aber zumindest davon überzeugt seid, dass es eine relevante Frage ist, dann wird sie euch hoffentlich auch weiter begleiten.

Wie zitiere und recherchiere ich?

Warum zitieren wir und müssen wir das unbedingt tun?

Etwas, mit dem wirklich alle, die irgendeine Wissenschaft studieren, auf jeden Fall zu tun bekommen, ist das Zitieren und das Nachweisen von Quellen und Forschungsliteratur. Mit einem Zitat lässt sich auf eine andere Wissensquelle verweisen und es wird für die Leser:innen transparent gemacht, wo sich diese Wissensquelle findet. Meistens handelt es sich dabei um Texte. Aber auch Filme, Objekte, Websites und so weiter können zitiert werden. Es gibt konkrete Regeln dafür, wann zitiert werden muss, nämlich immer dann, wenn ihr einen Gedanken einer anderen Person direkt oder indirekt wiedergeben möchtet. Das ist einerseits einfach ein Gebot des wissenschaftlichen Fairplay, denn Thesen, Gedanken oder Inhalte sind ja schließlich das, worauf Wissenschaftler:innen ihre Karriere aufbauen. Andererseits ist es auch die notwendige Voraussetzung dafür, dass andere Wissenschaftler:innen leichter verstehen werden, wo eure Thesen herkommen und dann an ähnlichen Themen weiterarbeiten können. Vermutlich kennt ihr den Unterschied zwischen direkten und indirekten Zitaten noch aus der Schule. Direkte Zitate werden durch Anführungsstriche kenntlich gemacht und enden mit einem Nachweis auf den Text. Rein sprachlich werden indirekte Zitate meist durch eine Konjunktivformulierung kenntlich gemacht (In *Das Unbehagen der Geschlechter* argumentiert Judith Butler dafür, dass die Annahme einer natürlichen Zweigeschlechtlichkeit kritisiert werden **müsse**). Am Ende des Satzes steht dann ein Nachweis, in welchem Text und auf welcher Seite Judith Butler das gesagt hat, was ihr hier unterstellt wird.

Um zu regeln, wie Nachweise von Texten aussehen sollen und um zu garantieren, dass bestimmte Regeln eingehalten werden, richten sich Wissenschaftler:innen nach **Zitierstilen**. Ein Zitierstil regelt, wie ein Eintrag in einer Bibliographie aussehen muss und wie innerhalb des Fließtextes auf andere Texte und sonstige Quellen und Forschungsliteratur verwiesen werden soll. Es ist ein bisschen übertrieben, zu sagen, es gäbe Zitierstile wie Sand am Meer, aber es sind doch ziemlich viele. Sie unterscheiden sich je nach Disziplin, persönlichen Vorlieben, Verlag und so weiter. Eine hilfreiche Website ist hier die Einführung in den sogenannten „Chicago Style“, ein in bestimmten Bereichen gern verwendeter Zitierstil (www.chicagomanualofstyle.org). Wenn ihr euch einmal unsicher seid, nach welchem Zitierstil ihr euch richten sollt, dann fragt einfach eure Lehrperson oder richtet euch nach ihren Texten.

Zitierstile einzuhalten und Texte an Zitierstile anzupassen, ist eine Aufgabe, die beim akademischen Arbeiten meistens nicht unbedingt Begeisterungsstürme auslöst. Es handelt sich um eine Fleißarbeit, die aber notwendig ist, weil nur so gesichert wird, dass der Text den Anforderungen wissenschaftlichen Arbeitens und der geforderten intellektuellen Lauterkeit genügt. Außerdem macht eine Hausarbeit einen besseren Eindruck, wenn ihr ordentlich zitiert und ein solcher Eindruck ist nicht unwichtig. Wenn ihr hier nachlässig seid, fällt das auf und führt dazu, dass eure Lehrperson im Zweifel vermutlich eher zu einer schlechteren Note tendiert.

In wissenschaftlichen Texten ist das Zitieren anderer Texte – ob in Fußnoten oder im Text – ein Bekenntnis dazu, die Wissensquellen offenzulegen, auf denen ein Text basiert. Ihr könnt so dabei helfen, den Prozess der wissenschaftlichen Wissensbildung einfacher zu machen. Abgesehen davon gehört das Zitieren einfach zu euren wissenschaftlichen Pflichten. Wenn ihr sie vernachlässigt, kann sich leicht der Eindruck einstellen, ihr würdet eure Gedanken aus anderen Texten schöpfen, ohne diese anzugeben.

Am Ende eurer Arbeit steht eine alphabetisch sortierte Liste mit Inhalten, die ihr verwendet habt, um eure Arbeit zu schreiben. Weil es sich häufig um Texte handelt, heißt diese Liste „**Bibliographie**“ (von altgriechisch „biblios“ für „Buch“ und „graphein“ für „schreiben“ oder hier vielleicht eher „auflisten“). Es ist nach Disziplinen unterschiedlich, ob die Bibliographie weiter unterteilt wird, in der Geschichtswissenschaft wird beispielsweise zwischen „Quellen“ und „Literatur“ unterschieden, in anderen Disziplinen sieht es anders aus.

Die Fußnote

Arbeiten anderer Wissenschaftler:innen oder Quellen werden häufig in Fußnoten zitiert. Wie bei vielen Instrumenten wissenschaftlichen Arbeitens ist es auch im Fall der Fußnote so, dass zwar ein Ideal der intellektuellen Rechtschaffenheit ausgedrückt ist. In der Realität kann dieses Ideal aber nicht wirklich erreicht werden. Es ist meistens gar nicht möglich, alle Quellen und jede Forschungsliteratur anzugeben, aus denen ihr schöpft. Schon aus ganz grundsätzlichen Erwägungen ist das nicht möglich, denn wir wissen schließlich überhaupt nicht, was für unsere Leser:innen ein wirklich neues Wissen darstellt, das deshalb zitiert werden muss. Manchmal wissen wir vielleicht auch gar nicht mehr genau, wo wir eine Information herhaben oder sie ist so weit verbreitet, dass sie nicht eigens nachgewiesen werden muss (wie, dass der Zweite Weltkrieg im Jahr 1945 endete). Ihr seht: Auch bei diesem Aspekt spielt die soziale Dimension wissenschaftlichen Arbeitens eine Rolle, denn ihr müsst irgendwie einschätzen können, welche Information in eurer wissenschaftlichen Gemeinschaft so bedeutsam ist, dass sie nachgewiesen werden muss. Das lässt sich durch Erfahrung lernen.

Im Kapitel über die Fragestellung haben wir gesehen, dass wir „Zwerge auf Schultern von Riesen" sind. Das macht uns als Einzelwissenschaftler:innen zwar kleiner, als wir vielleicht sein möchten, insgesamt aber größer, als wir hoffen konnten. Letzten Endes ist die Bilanz also nicht schlecht. Gerade in den Geistes- und Kulturwissenschaften findet häufig der eigentliche Forschungsprozess, der Gang ins Archiv oder in die Bibliothek, das Lesen und Deuten von Texten, das Finden von Argumenten und so weiter, in relativer Einsamkeit statt. Aus meiner Sicht liegt das nicht im Wesen dieser Wissenschaften und ich würde mir wünschen, dass es in der Zukunft mehr Zusammenarbeit gibt. Solange die Belohnungsstruktur sich allerdings auf die Einzelleistungen von Einzelwissenschaftler:innen bezieht, besteht erst einmal wenig Aussicht darauf, dass wir in den Geistes- und Kulturwissenschaften ein wenig von den guten Seiten des naturwissenschaftlichen Forschens übernehmen können und mehr Gruppenforschungen möglich machen.

Ein Ort, an dem die Gruppe der anderen Forscher:innen beim geistes- und kulturwissenschaftlichen Arbeiten jedoch auftaucht, ist in der Annotierung der wissenschaftlichen Arbeiten. Diese Annotierung findet heutzutage fast ausschließlich in der Form von Fußnoten statt. Es gibt auch Zitierstile, bei denen der Nachweis in den Text aufgenommen wird, beispielsweise so: (Foucault 1966, S. 7). In diesem Buch habe ich den Chicago-Zitierstil verwendet. Diese Form der Annotierung hat sich in einem langen historischen Prozess auf diese Weise herausgebildet. Im Mittelalter gab es etwa in der Annotierung der Bibel – für den christlichen Westen das am meisten annotierte Buch – an der Seite Anmerkungen und auch zwischen den Zeilen. In der wissenschaftlichen Literatur gab es das für eine Zeit auch noch, im 18. Jahrhundert hat sich dann aber die Fußnote als Hauptinstrument durchgesetzt. Eine Fußnote kann nach einem Wort oder einem Satzzeichen stehen und verweist auf ein kleines, meist hochgestelltes Zeichen am unteren Rand der Seite.[32] Die meistens fortlaufend nummerierten Fußnoten sind vielfach vom Fließtext darüber durch einen Trennstrich abgetrennt, so dass wissenschaftliche Texte schon allein graphisch mindestens zweigeteilt sind: ein Fließtext und ein zweiter Text, der durch die Fußnoten ausgemacht wird. Ein dritter Teil wird meist am Ende des Textes durch die Bibliographie zugefügt. Bei wissenschaftlichen Aufsätzen können noch weitere Textsorten hinzukommen, wie ein „Abstract", in dem das Hauptargument des Textes kurz zusammengefasst wird. In der Fußnote stehen Nachweise von Quellen und Forschungsliteratur und es kann zusätzlich noch Fließtext hinzugefügt werden. In diesem Fließtext stehen dann meistens Kommentare zur zitierten Forschungsliteratur und manchmal sind diese Kommentare recht bissig. Forscher:innen können sich in Fußnoten auch dazu äußern, was sie nicht mehr gemacht haben und dann auf weiterführende Literatur verweisen. Die Fußnote ist also auch ein Ort der kreativen Freiheit, den ihr nutzen könnt.

Der Historiker Anthony Grafton hat ein ein sehr schönes Buch über die Geschichte der Fußnote geschrieben mit dem Titel *Die tragischen Ursprünge der deutschen Fußnote*.[33] Auch wenn das Buch sich ganz besonders den Ursprüngen der Fußnote im Fach Geschichte zuwendet, sind Graftons Überlegungen in den meisten Fällen leicht übertragbar auf andere Bereiche. Man könnte sich der Behandlung der Fußnote recht mühelos dadurch entziehen, dass man darauf hinwiese, die Fußnote diene dazu, die Quellen zu nennen, die das im Fließtext präsentierte Argument stützen. An dieser Erklärung des Zweckes von Fußnoten ist zu-

32 Dies ist beispielsweise eine sinnlose Fußnote!

33 Anthony Grafton, *Die tragischen Ursprünge der deutschen Fußnote* (München: dtv, 1998).

nächst nichts wirklich falsch, aber sie wäre mindestens unvollständig, wie sich aus der Lektüre des Buches von Grafton lernen lässt. Denn Fußnoten können, wie Grafton zeigt, aus zwei Gründen diese Funktion, also die Quellen erschöpfend nennen, die Thesen aus dem Text belegen, gar nicht erfüllen: Erstens haben Forscher:innen meist zu viel Material berücksichtigt, um es erschöpfend zu zitieren. Es kann ja immer sein, dass etwa einer These im Text eine andere Textstelle aus dem zitierten Buch widerspräche. Zweitens kann es natürlich immer sein, dass uns irgendein Text entgangen ist und wir ihn deshalb nicht zitieren können. Gleichgültig, wie viel Mühe ihr euch gebt, relevante Texte zu recherchieren (und ihr solltet euch Mühe dabei geben!), es ist immer möglich, dass euch ein Text entwischt.

Grafton meint in seinem Buch, dass Wissenschaftler:innen im Gebrauch von Fußnoten vielleicht ein wenig flunkern oder doch zumindest eine Vorstellung vom wissenschaftlichen Arbeiten verfolgen, die bei Lichte betrachtet nicht ganz zutreffen kann. Denn er meint, dass die Fußnote niemals die Auseinandersetzung von Autor:innen mit ihren Texten erschöpfend oder auch nur adäquat im Text repräsentieren können:

> „Sowohl die Erfahrung als auch die Logik […] lehren, dass die Fußnote nicht alle Aufgaben erfüllen kann, die ihr von den Handbüchern gegeben werden: Keine Anhäufung von Fußnoten kann beweisen, dass jede Behauptung im Text auf einem unanfechtbaren Berg von Fakten ruht."[34]

Gerade am Anfang des wissenschaftlichen Arbeitens ringen junge Wissenschaftler:innen oft mit den hehren Anforderungen wissenschaftlicher Aufrichtigkeit. Ihnen wird in Seminaren zur Einführung ins wissenschaftliche Arbeiten oder anderen Einführungskursen beigebracht, dass sie ihre Quellen und Forschungsliteratur offenlegen müssen. Das ist eine gute Forderung und hilft nicht zuletzt auch dabei, ständig Selbstkritik zu üben und sich zu fragen: Habe ich bereits hinreichend danach geschaut, ob nicht vielleicht eine andere Forscherin über diesen und jenen Aspekt schon geforscht hat? Aber wie wir von Grafton lernen, ist die Forderung nach erschöpfender Offenlegung letztlich unerfüllbar. Die „Nachweispflicht" löst

34 Anthony Grafton, *The Footnote. A Curious History* (Cambridge: Harvard University Press, 1997), 22. Übersetzung L. S.

deshalb gerade am Anfang der Karriere und im Studium manchmal eine gewisse Panik aus, Studierende bekommen eine allermeistens unbegründete Angst, dass sie vielleicht unabsichtlich ein Plagiat begehen. Die Einsicht von Grafton kann deshalb dabei helfen, diese Forderung ein wenig in Perspektive zu setzen: Niemand kann jemals die Quellen vollständig erschöpfend zitieren, auf die sich ihr oder sein Text stützt! Wie ausführlich in einem bestimmten Bereich zitiert wird, ergibt sich im Wesentlichen aus den Gewohnheiten derjenigen, die hier Forschungen publizieren. Am einfachsten ist es also, sich ähnliche Publikationen anzuschauen und sich dann nach den Gepflogenheiten des Wissensfeldes zu richten.

Fußnoten haben nicht nur die Funktion, nachzuweisen, auf welche Grundlagen sich ein Text stützt. Grafton erzählt die Geschichte verschiedener wissenschaftlicher Kämpfe, die sich in Fußnoten abgespielt haben und die zu einem großen Teil von Uneingeweihten als Kämpfe gar nicht erkannt würden. Ein Beispiel hierfür ist etwa, wenn Wissenschaftler:innen andere Wissenschaftler:innen an einschlägigen Stellen *nicht* zitieren. Der uneingeweihten Leserin mag das gar nicht auffallen, aber für die internen Grabenkämpfe im Wissenschaftsbetrieb kann es sich hier um einen regelrechten Schlag ins Gesicht handeln. Auch dies zeigt, wie stark die Annotierung eines Textes die Struktur der wissenschaftlichen Gemeinschaften repräsentiert. Jemanden nicht zu zitieren ist ein wenig so, wie wenn in einer Diskussionsrunde der Kommentar einer Person einfach übergangen wird, obwohl er inhaltlich relevant wäre. Man zeigt damit, dass man jemanden erst gar nicht ernst nimmt.

Wenn ihr eure ersten Hausarbeiten schreibt oder eine Abschlussarbeit beginnt, werdet ihr feststellen, dass ihr nicht immer sicher seid, wie viel und wann ihr zitieren sollt. Das liegt vermutlich nicht daran, dass ihr irgendeinen relevanten Hinweis darüber verpasst habt. In der Tat ist es so, dass Wissenschaftler:innen gerade in den Geistes- und Kulturwissenschaften ziemlich anders und aus recht verschiedenen Gründen zitieren, natürlich abgesehen von den Fällen, in denen zitiert werden *muss* (direkte und indirekte Zitate und Wiedergabe der Gedanken anderer Forscher:innen). Das hängt mit unterschiedlichen Fachkulturen zusammen und mit jeweils regional unterschiedlichen Erkenntnisinteressen. Es hängt zuletzt auch damit zusammen, dass Fußnoten eben mehr Funktionen haben können und meist auch haben, als bloß der Leser:innenschaft die objektiven Grundlagen für bestimmte Behauptungen mitzuteilen. Neben den unbedingt notwendigen Fußnoten gibt es damit auch etwas wie einen bestimmten *Stil* des Zitierens und wie jeden Stil müsst ihr euch diesen durch Erfahrung aneignen, vor allem dadurch, dass ihr viel aus dem Forschungsbereich lest, für den ihr euch begeistert.

***

Fußnoten machen für eure Leser:innen transparent, woher ihr eure Informationen bezieht und ermöglichen es ihnen damit, euch besser zu folgen. Informationsquellen offenzulegen erzeugt andererseits manchmal Nervosität, weil ihr euch möglicherweise nicht sicher seid, ob ihr die wichtigsten Texte gefunden habt. Für mich war es auf jeden Fall so, als ich Hausarbeiten geschrieben habe, dass ich mir oft nicht ganz sicher war, ob ich genug und die richtigen Dinge zitiert habe. Wie gesagt ist das Zitieren, neben den Fällen, in denen es unumgänglich ist, zuletzt eine Frage des wissenschaftlichen Stils. Den müsst ihr euch aneignen und auch hier ist es bei Unsicherheiten am besten, wenn ihr euch auf euer Denkkollektiv (→ Kapitel „Denkstile und Denkkollektive") verlasst, das heißt eure Mitstudierenden und eure Lehrkräfte.

Warum sollte ich gründlich recherchieren?

Um irgendwie herauszufinden, wo die Informationen sich befinden, die ihr braucht, um eure Arbeit zu schreiben, müsst ihr recherchieren. Das ist der erste und offensichtlichste Grund für eine gründliche Recherche: Wissen erlangen, Wissen darüber, was wo steht. Es gibt aber noch einen zweiten Grund: Gründliches Recherchieren hilft uns dabei, nicht mehr so abhängig zu sein von den Suchergebnissen einzelner Suchroutinen, die in vielen Fällen zumindest nicht ausschließlich auf inhaltlichen Kriterien beruhen. Bekannte Suchmaschinen wie google, aber auch unbekanntere Suchmöglichkeiten bieten uns immer ein gefiltertes Ergebnis, das tendenziell dazu beiträgt, den Effekt wissenschaftlicher Monopolbildung zu verstärken. In der Wissens- und Wissenschaftssoziologie ist dies unter dem Namen „Matthäus-Effekt" bekannt und Wissenssoziolog:innen erforschen immer wieder die Auswirkungen der Bildung von Zentren. Der Matthäus-Effekt ist nach einer

Bibelstelle benannt, nämlich Matthäus 25, 29: „Denn wer da hat, dem wird gegeben, dass er die Fülle habe; wer aber nicht hat, dem wird auch das genommen, was er hat" oder, um es mit einem vielleicht bekannteren Sprichwort zu sagen: „Der Teufel scheißt immer auf den größeren Haufen." Der Wissenssoziologe Robert Merton wird häufig genannt, weil er bereits sehr früh die Folgen des Matthäus-Effekts für die Entwicklung von Wissenschaften diskutiert hat. Nach Merton beschreibt der Matthäus-Effekt die Tatsache, dass viel zitierte Forscher:innen auch in der Zukunft tendenziell überproportional viel zitiert werden.[35] Dagegen bekommen wenig beachtete Forscher:innen überproportional wenig Anerkennung. Eine wissenschaftliche Veröffentlichung ist deshalb sichtbarer, wenn sie von jemandem publiziert wird, der schon sehr bekannt ist. Das ist zum Teil auch in Ordnung so. Denn die Wahrscheinlichkeit, dass jemand etwas Interessantes zu sagen hat, der bereits andere interessante Dinge über ähnliche Themen gesagt hat, ist vielleicht wirklich höher. Wenn ihr eine bestimmte Romanautorin sehr schätzt, dann werdet ihr schließlich auch wieder zu Büchern derselben Autorin greifen. Merton – und auch andere – meinen aber, dass durch den Matthäus-Effekt jenseits der vernünftigen Erwartung bereits bekannte Wissenschaftler:innen bevorzugt werden.

Merton hatte sich schon seit den 1930er Jahren für die Frage interessiert, was Wissenschaft als soziale Tätigkeit eigentlich ausmacht. Er hat danach gefragt, inwiefern sie sich von anderen sozialen Tätigkeiten unterscheidet. Dabei hat er eine These vertreten, die in der Wissenschaftssoziologie – also der Disziplin, die erforscht, wie Wissenschaft als soziales Unternehmen eigentlich so aussieht – sicher nicht unumstritten, aber vielleicht genau deshalb so einflussreich geworden ist. Seiner These zufolge ist Wissenschaft deshalb eine besondere soziale Tätigkeit, weil die Akteur:innen hier besondere Werte vertreten, die dem Ziel der Wissenschaft, nämlich Wissen zu produzieren, zuträglich sind. Unter diese Werte zählte Merton den *Universalismus* in der Begründung wissenschaftlichen Wissens, die *Desinteressiertheit* (dass Wissenschaftler:innen in der Wissenschaft von ihrem persönlichen Vorteil absehen), den *wissenschaftlichen Kommu-*

35 Robert Merton, „The Matthew Effect in Science. The Reward and Communication Systems of Science are Considered", *Science* 159 (1968): 57.

nismus (dass Wissenschaftler:innen ihre Ergebnisse kostenlos teilen) und was er *organisierten Skeptizismus* genannt hat. Es ist hier nicht so wichtig, über alle diese Eigenschaften ausführlich zu sprechen. Wichtig für das Thema Recherchieren ist vor allem die These, dass Wissenschaft sich vor allem dann besonders gut weiterentwickelt, also neues Wissen erzeugt, wenn Forscher:innen von ihrer eigenen Person absehen und – Stichwort „organisierter Skeptizismus"[36] – die Kritik anderer Forscher:innen ernst nehmen und selber die Ergebnisse anderer kritisieren. Die grundlegende Idee dabei ist, dass Wissenschaftler:innen zwar offensichtlich von ihrer Tätigkeit auch ökonomisch profitieren. Diese Tatsache sollte aber nicht im Zentrum ihres wissenschaftlichen Interesses stehen. Wissenschaft ist nach Merton ein Wertesystem in der Gesellschaft, das heißt ein System, in dem bestimmte Erwartungen an das Verhalten von Menschen bestehen. Nicht zufällig hat Merton diese Thesen insbesondere in der Auseinandersetzung mit den Wissenschaften in Nazideutschland entwickelt.[37] Hier meinte er, dass die externe Steuerung von Wissenschaft durch den Staat des Nationalsozialismus diese Normen der Wissenschaft klar verletzt habe. Der Ausschluss einer der wichtigsten Gruppen von Wissenschaftler:innen, der jüdischen Wissenschaftler:innen, aus der Wissenschaft habe der Wissenschaft zusätzlich geschadet.

Es ist aus meiner Sicht wichtig, sich zu vergegenwärtigen, in welcher politischen Situation Merton seine Überlegungen zur Wissenschaft niedergeschrieben hat. Ihr seid aber nicht mehr in dieser Situation. Wenn ihr euch an euren Laptop setzt, um Forschungsartikel zu recherchieren, werden anderen Faktoren eine Rolle spielen, durch die Wissenschaftler:innen ein unter-

---

36 Robert Merton, *The Sociology of Science. Theoretical and Empirical Investigations* (Chicago/London: University of Chicago Press, 1973), xviii.

37 In einem Aufsatz aus dem Jahr 1938 stellt Merton sich die Frage, in welcher Weise Wissenschaft im Deutschland der Nationalsozialisten sich verändert habe und was wir aus diesen Transformationen über die Struktur von Wissenschaft lernen können. Zudem legt er eine Analyse der sozialen Struktur von Wissenschaft vor, die den „Ethos" der Wissenschaft betont und seine Konflikte mit dem Ethos des neuen NS-Staats beschreibt. Hierbei geht es ihm darum, die soziale Funktion der Revolten gegen die Wissenschaft zu analysieren und ihren sozialen Ort zu verstehen. Robert Merton, „Science and Social Order", *Philosophy of Science* 5, Nr. 3 (1938): 321–37.

schiedlich großes Stück vom Kuchen abbekommen. Der Ethos der Wissenschaft sagt jedoch, dass wir danach streben sollten, Wissenschaftler:innen möglichst gleich zu behandeln und ihre Ergebnisse möglichst fair zu beurteilen. Dazu gehört, dass wir sie überhaupt zur Kenntnis nehmen, was durch eine gute Recherche möglich wird. Dieser Ethos der Wissenschaft ist nach Merton nicht einfach nur ein moralisches Gebot, sondern erhöht die Produktivität der Wissenschaft, was ihm zufolge in Nazideutschland gerade nicht mehr funktioniert habe.

Es gibt andere politische Einflussfaktoren, die die Art und Weise verändern, wie politische und wissenschaftliche Entscheidungsstrukturen sich zueinander verhalten. Richard Münch, ein Soziologe, hat die Auswirkungen des seit den 1980er Jahren in den USA und Großbritannien eingeführten „New Public Management" auf die Entwicklung der Wissenschaftslandschaft untersucht.[38] Dieses New Public Management hat an den Hochschulen auch in Deutschland immer mehr dazu geführt, dass die Kontrolle von Wissenschaft nicht mehr durch eine garantierte stabile Grundfinanzierung gewährleistet wird, sondern durch die Kontrolle des Outputs der Forschungseinrichtungen. Früher wurden Universitäten grundfinanziert und dann überwiegend sich selbst überlassen; die Kontrolle über die Produktion wissenschaftlicher Ergebnisse lag so wesentlich in der Hand des Wissenschaftssystems selbst. Heute, im New Public Management, bekommen in der Wissenschaft externe Faktoren ein immer höheres Gewicht, die Universitätsleitung wird etwa gestärkt und es gibt externe Kontrollinstrumente der Regierung. Doch: „Was hat das alles mit dem Recherchieren zu tun, um das es in diesem Kapitel doch gehen soll?", werdet ihr jetzt zurecht fragen. In Ordnung, ich komme gleich darauf, versprochen, aber ich brauche noch ein bisschen.

Wir müssen jetzt erst einmal danach fragen, auf was solche externen Kontrollinstrumente eigentlich schauen, wenn sie die Qualität der Wissenschaften beurteilen. Sie können ja nicht die wissenschaftlichen Publikationen selber beurteilen. Das können

38 Richard Münch, „Der Monopolmechanismus in der Wissenschaft. Auf den Schultern von Robert K. Merton", *Berliner Journal für Soziologie* 20 (2010): 341–70.

nur Menschen, die diese Wissenschaften selber beherrschen. Deshalb greifen sie auf ein Bewertungsinstrument zurück, das sich ungefähr seit den 1960er Jahren im Zuge der Entwicklung der Wissenschaftsforschung entwickelt hat: die Bibliometrie und eines ihrer Produkte, das heute das Schreckgespenst vieler Wissenschaftler:innen ist, den „impact factor", also Einflussfaktor. Der Impact Factor soll angeben, wie einflussreich eine bestimmte Publikation ist. Das lässt sich beispielsweise durch sogenannte „Zitationsanalysen" untersuchen, also indem man erforscht, wie häufig ein bestimmter Beitrag von anderen Beiträgen zitiert wird, wie häufig diese wiederum zitiert werden, das heißt: wer wen wann wo zitiert. Hier wird dann sichtbar, dass bestimmte Forschungsbeiträge zentraler sind als andere, das heißt, dass sie in einem großen Netzwerk von anderen Forschungsbeiträgen häufiger von anderen genannt werden. Nun könnte das ja völlig in Ordnung sein, wenn – ich erinnere an Merton – der Grund für dieses häufigere Zitieren tatsächlich inhaltlich wäre, wenn Wissenschaftler:innen neutral und im Geist des wissenschaftlichen Universalismus' auf der Basis von universalen Begründungsstrategien zu dem Urteil gekommen wären: Dieser Beitrag ist besonders wichtig, weil er unser wissenschaftliches Wissen voranbringt. Und jetzt kommt der versprochene Matthäus-Effekt!

Der Matthäus-Effekt, den Merton unter anderem an Nobelpreisträger:innen untersucht hat, heißt ja für die Wissenschaft, dass bei vergleichbarer Leistung die renommiertere Wissenschaftlerin unverhältnismäßig viel mehr Anerkennung bekommt als eine weniger renommierte. Das widerspricht aber den wissenschaftlichen Werten, die Merton sich gewünscht hat. Denn, wenn renommiertere Wissenschaftler:innen bei gleicher Leistung mehr beachtet werden, heißt das auch, dass diese renommierteren Wissenschaftler:innen bei einer geringeren Leistung möglicherweise die gleiche Anerkennung bekommen.

Das ist nun tatsächlich ein Problem für die wissenschaftliche Qualitätssicherung. Im Grunde ist das auch keine große Überraschung, denn wer von euch kennt das nicht, dass einem Menschen, der ohnehin schon auf einer Autoritätsposition steht, mehr zugetraut wird, als einem, bei dem das noch nicht der Fall ist? So verständlich das ist, so fatal sind die Wirkungen für die ungleiche Verteilung wissenschaftlicher Anerkennung. Münch hat auf Forschungen hingewiesen, die für die USA gezeigt haben, wie die Verteilung von Kapital auf immer weniger Universitäten dazu geführt hat, dass die staatlichen Universitäten in den USA immer weniger Chancen haben, zu konkurrieren, weil sie sich auch diejenigen Wissenschaftler:innen mit dem höchsten Renommee – also dem höchsten „impact factor" – nicht leisten können. In Deutschland war vor der Exzellenzinitiative des Bundes[39] nach Münch wissenschaftliches Renommee, etwa beurteilt nach der Verteilung von Nobelpreisen, relativ breit und homogen verteilt. Nicht nur die sehr bekannten Einrichtungen haben solche hervorgebracht, sondern auch eher unbekannte Einrichtungen.[40] Diese Situation, also die relativ faire Verteilung von Chancen auf unterschiedliche Forschungseinrichtungen, hat sich seit der Einführung der Exzellenzinitiative und neuer Verwaltungsstrukturen auch in Deutschland, leider zum Schlechteren, verändert. Was innerhalb eines Landes gilt, zeigt sich noch viel gravierender im globalen Vergleich. Die USA stehen, was die Publikationsdichte und die Wahrnehmung der wissenschaftlichen Publikationen angeht, ganz vorne. Ökonomisch schwächere Staaten, besonders aus dem globalen Süden, haben dagegen kaum Chancen. Nun wird niemand bestreiten, dass die US-amerikanischen Spitzenuniversitäten auch wirklich das sind, was ihr Name sagt, nämlich spitze. Das sind sie schon allein deshalb, weil sie unglaublich viel ökonomisches und symbolisches Renommee auf sich vereinen. Münch weist uns aber darauf hin, dass dieses Renommee in der

39 Ein Förderprogramm der „Exzellenzinitiative", bzw. seit 2017 „Exzellenzstrategie" ist ein Instrument des Bundes, auf das sich Hochschulen bewerben können. Der Bund finanziert so innerhalb der Länder bestimmte Forschungsprojekte, beispielsweise im Rahmen von „Exzellenzclustern". Universitäten müssen sich in regelmäßigen Zeiträumen immer wieder um diese Fördergelder bewerben, was dazu führen soll, dass Fördergelder „dynamischer" verausgabt werden. Für die Wissenschaftler:innen, die mit solchen Fördergeldern im Rahmen von Forschungsprojekten finanziert werden, bedeutet dies einen Verlust an Planbarkeit und langfristigen Perspektiven.

40 Münch führt aus, dass es gemessen an der Verteilung von Nobelpreisen im Vergleich mit Großbritannien in Deutschland eine größere Streuung gegeben hat. Auch an weniger bekannten Orten war es so möglich, wissenschaftliche Spitzenleistungen zu erzielen, wenn der Erwerb eines Nobelpreises als Indiz für eine solche Spitzenleistung gesehen wird. Münch, „Der Monopolmechanismus", 358.

Beurteilung des „impact factor" überrepräsentiert ist und konkret dazu führt, dass andere Einrichtungen kaum mehr eine Chance haben, überhaupt mit diesen Spitzenuniversitäten zu konkurrieren. Auch das Personal dieser Spitzenuniversitäten rekrutiert sich hauptsächlich aus anderen Spitzenuniversitäten. Für eine gewisse Zeit funktioniert das, mittelfristig führt es aber dazu, dass Innovation schwerer möglich wird, und befördert Konservatismus und Stagnation, also genau die Gegenteile dessen, was der wissenschaftliche Ethos nach Merton fordert.

Wissenschaft ist auch nach Weber (→ Kapitel „Wie entwickele ich eine wissenschaftliche Fragestellung?") darauf angewiesen, Innovationen und Kritik zuzulassen, und je mehr wir davon ermöglichen, desto bessere Chancen haben wir, gute Wissenschaft zu betreiben. Münch hat diese Tendenz, immer mehr Kapital auf immer weniger Zentren zu konzentrieren, **Monopolmechanismus** genannt und auch empirisch dafür argumentiert, dass das, was wir hier in der Theorie vorgetragen haben, in der Tat stimmt. Es lässt sich nach Münch zeigen, dass die Ungleichverteilung von Mitteln auf immer weniger Universitäten dazu führt, dass insgesamt immer weniger Einrichtungen über eine optimale Mittelausstattung verfügen: Einige wenige Forschungseinrichtungen in den Geisteswissenschaften haben zu viel Mittel zur Verfügung und viele Forschungseinrichtungen haben zu wenig. Beides trägt nach Münch nicht zu einer Verbesserung der Forschungssituation bei.[41]

All das solltet ihr im Hinterkopf haben, wenn ihr daran denkt, eine Recherche zu beginnen. Denn gleichgültig, welches Recherchetool ihr verwendet, es wird mit 99-prozentiger Sicherheit genau diese Hierarchie spiegeln. Wenn ihr euch also nur daran haltet, dann werdet ihr nicht dazu beitragen, wissenschaftliche Hierarchien abzubauen. Die wesentlichen Stellschrauben hierfür wären natürlich wissenschaftspolitischer Art, doch können wir vielleicht auch in unserer wissenschaftlichen Praxis etwas dazu beitragen, mehr Gleichbehandlung wissenschaftlicher Ergebnisse zu erreichen. Das ist aber wegen des Monopolmechanismus nur durch eine bewusste Anstrengung möglich. Wenn ihr euch einfach auf die Ergebnisse von google oder einer anderen bekannten Suchmaschine verlasst, dann werdet ihr mit sehr hoher Wahr-

41 Münch, „Der Monopolmechanismus", 349.

scheinlichkeit dem Matthäus-Effekt zuarbeiten. Es gibt einige Beispiele dafür, dass eine veränderte Recherche- und Zitierungspraxis zu einer positiven Veränderung beitragen kann. Besonders Forscher:innen, die sich mit der Situation vormals kolonisierter Gebiete befassen, verfolgen beispielsweise eine solche Recherche- und Zitierungspraxis. Walter Mignolo etwa bemüht sich, unbekanntere Forscher:innen aus dem Globalen Süden bewusst zu zitieren und über deren Theorien zu sprechen und dann in Zentren der Wissenschaftswelt zu publizieren. In einem bestimmten Ausmaß war er damit auch erfolgreich.[42]

Ein Beispiel für eine Recherche

Nehmen wir nun an, ihr wollt tatsächlich etwas recherchieren. Ihr habt eine bestimmte Frage im Kopf. Auf jeden Fall gibt es aber schon einmal verschiedene Orte, von denen ihr eure Recherche beginnen könnt. Diese Orte sind: euer Computer und eine Bibliothek.

Fangen wir mit dem Ort an, der euch vielleicht weniger vertraut ist als euer Computer: der **Bibliothek**. Unterschätzt Bibliotheken bitte nicht, sie sind sehr wichtige Orte der Speicherung von Wissen, die heute (2022) zumindest nicht ohne Weiteres durch das Internet ersetzbar sind. Jede wirklich gründliche Recherche wird auf jeden Fall auch einen Gang in eine Bibliothek beinhalten. Warum? Nun: In Bibliotheken gibt es viele Bücher und Bücher sind Wissensspeicher, die zwar im Vergleich mit jedem handelsüblichen USB-Stick recht klein sind, aber gerade in den Geistes- und Kulturwissenshafen über eine sehr lange Zeit die hauptsächliche Form waren, wie Wissen niedergelegt wurde.

Beim Recherchieren ist es sehr wichtig, im Hinterkopf zu behalten, dass die Bücher, die ihr dazu in Bibliotheken nutzt, jetzt nicht primär dazu verwendet werden, sie zu lesen. Wir möchten die Bücher erst einmal nicht ganz lesen, weil das zunächst zu lange dauern würde (→ Kapitel „Wie lese ich?"). Es geht in der Recherchephase eher darum, in den Fußnoten und Literaturverzeichnis-

42 Mignolo hat viele Texte publiziert, in denen er diese Strategie verfolgt. Einer der bekannteren ist Walter Mignolo, *Local Histories/Global Designs. Coloniality, Subaltern Knowledges, and Border Thinking* (Princeton: Princeton University Press, 2012).

sen dieser Bücher nach Verweisen zu suchen, die euch ein Bild darüber vermitteln, welche Literatur von Wissenschaftler:innen vor euch zu ähnlichen Themen verwendet wurde. Nehmen wir ein Beispiel aus meiner eigenen Praxis: Ich möchte wissen, wer in den letzten Jahrzehnten zu einem Autor namens Destutt de Tracy geforscht hat. Vielleicht habe ich Glück in der Stichwortsuche eines Bibliothekskatalogs[43] und die Suche liefert mir als Ergebnis eine Monographie oder einen Artikel zum Thema. In diesem Fall ist es meistens eine große Zeitersparnis, wenn ich auf die Arbeit meiner Vorgänger:innen zurückgreife: Ich kann diese Literatur ausleihen und darin den Forschungsstand zu „Destutt de Tracy" lesen. Jetzt tue ich genau das einmal und ich verspreche, dass ich es vorher nicht probiert habe. Ich wähle als Bibliothekskatalog zunächst zwei aus: den Katalog der Harvard Library,[44] der einen der vollständigsten Buchbestände hat und auch Zeitschriftenaufsätze durchsucht, und den Katalog der „Bibiothèque nationale de France" (BNF),[45] denn hier handelt sich um ein französisches Thema und da ist die Französische Nationalbibliothek sicher einschlägig. Ergänzend werde ich im Karlsruher Virtuellen Katalog (KVK)[46] suchen, eine Metasuchmaschine, die sehr viele deutsche und internationale Bibliotheken durchsucht.

Im Katalog der BNF suche ich unter „Recherche avancée" (erweiterte Suche) nach dem „sujet" „Destutt de Tracy" und lasse mir die Ergebnisse nach Datum sortiert ausgeben. Als aktuellstes Ergebnis finde ich ein Buch auf Italienisch aus dem Jahr 2016, dann acht Jahre zuvor, im Ganzen seit 2000 lediglich vier Bücher – ein überschaubares und damit handhabbares Ergebnis. Der KVK gibt mir unter dem Schlagwort „Destutt de Tracy" seit 2000 acht Treffer, von denen nur zwei mit den Ergebnissen der BNF übereinstimmen. Es handelt sich um Übersetzungen, die in dem renommierten Verlag fromann-holzboog erschienen sind, was gut ist, denn Übersetzungen haben oft Vorworte, in denen die Forschung zum übersetzten Autor referiert wird. Der hollis-Katalog stimmt wieder mit dem Katalog der BNF im Wesentlichen

43 Nützlich sind auch Suchmaschinen, die mehrere Kataloge durchsuchen wie der Karlsruher Virtuelle Katalog: https://kvk.bibliothek.kit.edu .

44 library.harvard.edu

45 catalogue.bnf.fr

46 kvk.bibliothek.kit.edu

überein, nennt aber zusätzlich ein Buch, das im Katalog der BNF nicht vorkommt. Warum habe ich nur nach Büchern geschaut, die nach 2000 erschienen sind?

Wenn ich Glück habe, und jemand hat schon zu Destutt de Tracy gearbeitet, der dies gründlich gemacht hat, dann kann ich dessen Arbeit nutzen und mir selbst viel Mühe ersparen. Deshalb schaue ich mir jetzt die aktuellste Publikation etwas genauer an, eine italienische Dissertation aus dem Jahr 2016 mit dem Titel *L'antropologia naturale in Cabanis e Destutt de Tracy* von Lucia Pacchiarotti.

Woher kann ich aber jetzt wissen, ob das ein gutes Buch ist, ohne das Thema genauer zu kennen und ohne das Buch wirklich zu lesen? Um das zu beurteilen, braucht man etwas Erfahrung: Bestimmte Kennzeichen sprechen dafür, bestimmte dagegen, eine hundertprozentige Sicherheit kann es wohl nicht geben. Zunächst der Verlag: Das Buch ist bei dem Verleger „Stamen" in Rom erschienen, den ich nicht kenne. Verlage garantieren eine Qualitätssicherung, manche mehr und manche weniger. Es gibt Verlage, bei denen man sehr schwer Bücher publizieren kann, weil die Prüfung sehr streng ist und es gibt solche, die auch Texte von minderer Qualität publizieren. Da ich „Stamen" nicht kenne, recherchiere ich erst einmal, um was für einen Verlag es sich da handelt. Auf Wikipedia (→ Kapitel „Wikipedia) werde ich zunächst nicht fündig (ein schlechtes Zeichen). Dann sehe ich mir die Homepage des Verlags an und finde heraus, dass es sich um einen Universitätsverlag handelt, was alles Mögliche bedeuten kann. Es gibt ganz hervorragende Universitätsverlage und auch welche, die eher nicht so gut sind. Wie die Situation in Italien ist, weiß ich erst einmal nicht. Leider werde ich also aus dem Verlag nicht recht schlau. Als nächstes schaue ich, ob es Rezensionen des Buches auf einschlägigen Plattformen gibt. Dazu gebe ich den Buchtitel auf der Plattform „jstor"[47] ein, um in den Ergebnissen (10) nach Rezensionen zu suchen, die es aber nicht gibt. Mmmm. Das Buch scheint zumindest nicht unglaublich viel gelesen worden zu sein, ansonsten müsste es hier mindestens ein, zwei Rezensionen geben, da es jetzt auch schon drei Jahre alt ist (manchmal dauert es schon zwei Jahre oder länger bis eine Re-

47 www.jstor.org

zension veröffentlicht wird). Um sicher zu gehen, gebe ich den Buchtitel noch auf der Suchmaschine „google scholar“[48] ein und werde auch hier nicht fündig. Wie gesagt ist das jetzt noch kein Argument gegen die Qualität des Buches, sondern einfach Mangel an Information – um zu wissen, ob es gut ist oder nicht müsste ich es wohl oder übel selber lesen, aber das mache ich jetzt erst einmal noch nicht.

Ich schaue also stattdessen in die Übersetzung, die ich durch die Benutzung des KVK gefunden habe: eine im Jahr 2018 erschienene deutsche Version der „Logik“ von Destutt de Tracy, die von Hans Jörg Sandkühler übersetzt und eingeleitet wurde. Hier kenne ich den Verlag „fromann-holzboog“, der wie gesagt sehr renommiert ist; ich habe auch schon einmal etwas von Hans Jörg Sandkühler gehört. Weil ich mir nicht mehr ganz sicher bin, schlage ich auf der Website der Universität Bremen nach, wo er eine Professur für Philosophie innehat. Ich klicke mich ein bisschen durch und finde die Publikationsliste dieses Professors, auf der ich sehe, dass er sich schon länger mit dem Thema beschäftigt. Zunächst einmal reichen mir diese Hinweise, um davon ausgehen zu können, dass es sich um eine Publikation handelt, die wir auf jeden Fall ernst nehmen können. Also besorge ich mir das Buch, das glücklicherweise tatsächlich in meiner Bibliothek steht. Dafür muss ich in meine Universitätsbibliothek gehen, wo ich das Buch über den online-Katalog bestellt habe.

Hier sehe ich, dass es ein Vorwort gibt, und kann in den Fußnoten danach schauen, auf welche anderen Texte sich Sandkühler bezieht. Ich hoffe, dass er selber gründlich recherchiert hat und die wichtigsten Texte nennt. Dann mache ich mir ein Dokument auf und schreibe mir die Titel auf, die häufiger in den Fußnoten vorkommen. Diese Prozedur wiederhole ich für die anderen Bücher, die ich durch meine Recherche gefunden habe (die doppelt vorkommenden Titel nehme ich natürlich nicht doppelt auf, aber ich schreibe mir daneben, wenn sie häufiger erwähnt werden). Diese Liste ist erst einmal ganz formlos, es geht hier nur darum, dass ich die Titel nicht vergesse.

Ihr seht vielleicht hier schon, dass für eine Recherche ganz unterschiedliche Arten von Wissen nötig sind. Erst einmal muss

48 scholar.google.de

man die Datenbanken kennen, auf die sich frei im Internet zugreifen lässt oder auf die ihr über eure Universität Zugriff hat. Dann müsst ihr einschätzen, wie ihr die Ergebnisse beurteilt, die ihr über diese Datenbanken bekommt. Manchmal werden diese nur ein Anfangspunkt für weitere Recherchen sein, wie oben am Beispiel des Verlags gezeigt. Dies kann euch in eine Sackgasse führen und dann müsst ihr andere Wege gehen. Wichtig ist auf jeden Fall, die Recherchephase ernst zu nehmen und viele Wege auszuprobieren.

Man sieht sicher schon hier, dass es kein Patentrezept gibt, wie man mit den Ergebnissen der verwendeten Suchmaschinen umgeht. Wenn ihr von euren Dozierenden in den jeweiligen geistes- und kulturwissenschaftlichen Fächern in Einführungsveranstaltungen Listen mit Ressourcen bekommt, ist das gut. Nutzt diese Ressourcen, aber bleibt auch offen dafür, weitere Suchoptionen in Betracht zu ziehen! Das Suchen und Recherchieren ist eine intellektuelle Angelegenheit und kann nicht einfach technisch abgehakt werden. Ihr müsst ständig Suchergebnisse bewerten und mit anderen Listen von Suchergebnissen abgleichen. Und im Optimalfall habt ihr auch noch im Kopf, dass diese Suchergebnisse hochgradig durch den Matthäus-Effekt beeinflusst sein können. Wenn ihr also denkt, dass das Lesen die hauptsächliche und würdigste Beschäftigung für eine Geistes- oder Kulturwissenschaftlerin ist, dann habt ihr insofern recht, als am Ende natürlich bewertet wird, ob ihr Texte gut verstehen und dann auch selber gute Texte schreiben könnt. Oft wird dabei unterschätzt, dass auch das Recherchieren und Bibliographieren Aufgaben sind, die eine intellektuelle Gewitztheit und besonders eine verteilte Aufmerksamkeit voraussetzen. Ich habe mich am Anfang des Studiums immer gewundert, warum ich nach längeren Recherchephasen so erschöpft bin. Mittlerweile ist mir das vertraut und ich kann es mir erklären.

Wikipedia

Wikipedia nehme ich hier als einen Sonderfall auf, weil das Thema regelmäßig in meinen Seminaren angesprochen wurde. In der Schule lernen Schüler:innen scheinbar manchmal, dass Wikipedia nicht wissenschaftlich sei und dass man es deshalb nicht verwenden dürfe. Als Grund wird angeführt, dass keine einzelnen Autor:innen für die Beiträge verantwortlich sind und so die Inhalte nicht zugeordnet werden könnten. Ich kann dem nicht zustimmen.

In meinen Augen ist Wikipedia eines der gelungensten Projekte, und dazu noch gemeinnützig, wie Autor:innen auf der ganzen Welt Wissen zusammentragen können und es dann kostenlos allen interessierten Leser:innen zur Verfügung stellen. Unter den am meisten aufgerufenen 50 Websites weltweit im Januar 2022 war Wikipedia die einzige Stiftung, alle anderen Seiten waren von profitorientierten Anbietern gestaltet.

Die verschiedenen nationalen Gemeinschaften, die die Wiki-Seiten mit Inhalt füllen, sind unterschiedlich aktiv und unterschiedlich gründlich im Nachweisen von Quellen. Auch die einzelnen Artikel unterscheiden sich in der Qualität. Manche sind ganz hervorragend geschrieben, andere können noch verbessert werden. Aber all dies stellt überhaupt keinen Einwand dagegen dar, Wikipedia als Informationsquelle zu nutzen. Natürlich werdet ihr Wikipedia genauso kritisch lesen wie auch andere Nachschlagewerke oder Informationsquellen, aber es besteht kein Grund, den Texten auf Wikipedia mehr zu misstrauen als anderen Texten.

Es wäre natürlich sehr dürftig, wenn ihr eine Hausarbeit ausschließlich auf Artikeln von Wikipedia aufbaut, genauso, wie es schlecht recherchiert wäre, wenn ihr lediglich Artikel aus dem Brockhaus zitieren würdet. Falls ihr Wikipedia-Artikel zitieren möchtet, dann richtet euch nach den Zitierrichtlinien, die ihr auf Wikipedia findet, denn es ist hier immer wichtig, die konkrete Version des Artikels anzugeben, den ihr verwendet habt. Wenn ihr unsicher seid, ob ihr Wikipedia-Seiten zitieren solltet, sprecht einfach vorher mit euer Lehrperson.

Ich habe diesen Abschnitt auch deshalb aufgenommen, weil ich selber die Entwicklung von Wikipedia, die 2001 gegründet wurde, von Anfang an, als die Artikel häufig noch sehr verbesserungswürdig waren, bis heute mitverfolgt habe. Wikipedia hat sich seitdem immens entwickelt. Wenn ihr auf Wikipedia etwas seht, von dem ihr denkt, es könnte noch verbessert werden, dann arbeitet doch einfach mit! Unterm Strich muss man sagen, dass gerade Wikipedia ein Vorzeigebeispiel intellektueller Zusammenarbeit ist und viele von Mertons Vorstellungen vom wissenschaftlichen Ethos erfüllt.

Es wäre eine eigene Frage, warum sich bestimmte Personengruppen so stark gegen Wikipedia wehren. Ich habe dazu ein paar Ideen, die aber nicht ausgereift genug sind, um sie hier niederzuschreiben. Wenn ihr euch auf Diskussionen mit Kritiker:innen von Wikipedia einlasst, dann kommt ihr häufig recht schnell zu interessanten Themen, da es recht bald um ganz grundsätzliche Fragen von Wissenschaftlichkeit und Nachweispflicht geht. Es ist sicher nicht falsch, solche Diskussionen zu führen, das sollte aber niemanden davon abhalten, Wikipedia zu verwenden, wenn auch mit einer gewissen pragmatischen Vorsicht, wenn ihr merkt, dass eine bestimmte Lehrperson nicht gut darauf zu sprechen ist.

Qualitätskriterien innerhalb der Wissenschaft

Es gibt unterschiedliche Wege, wie wissenschaftliche Publikationsplattformen sich darüber versichern, dass die publizierten Aufsätze oder sonstigen Veröffentlichungsformen wissenschaftlichen Standards genügen. Eines dieser Instrument ist das sog. „peer review"-Verfahren, das im Fall von Aufsätzen aber auch im Fall von Monographien angewendet wird. Meist zwei wissenschaftliche „peers", also wissenschaftliche Kolleg:innen, erhalten das Manuskript in anonymisierter Form zur Durchsicht und schreiben eine Bewertung. Der Verlag oder die Zeitschrift können dann ihre Entscheidung, ob sie den Text überhaupt veröffentlichen oder ob er noch einmal überarbeitet werden muss, auf einer Meinung aus der Fachcommunity gründen. Dadurch wird eine gewisse Qualitätsprüfung erreicht: Wenn die peers eine Publikation prüfen, dann können wir hoffen, dass grobe Mängel erkannt werden, wie eine fehlerhafte Auswertung von Quellen, die Nichtberücksichtigung von sehr einschlägiger Forschungsliteratur, argumentative oder methodische Mängel.

Ein anderes Instrument ist das Verlagswesen selber. Anerkannte Verlage prüfen die Veröffentlichungen vor der Publikation. Allerdings muss zugegeben werden, dass sie dies häufig auch nicht mehr tun, so dass man sich bei manchen Verlagen, die früher eine inhaltliche Prüfung vorgenommen haben, nun nicht mehr sicher sein kann, dass eine solche Prüfung stattgefunden hat.

Wenn ihr gefunden habt, dass ein Aufsatz, der euch interessiert, in einer Zeitschrift veröffentlicht ist, die ein peer-review-Verfahren hat, dann wisst ihr schon einmal, dass vermutlich zwei Wissenschaftler:innen aus dem Forschungsfeld gesagt haben: Ja, dieser Aufsatz genügt den Kriterien wissenschaftlichen Arbeitens und kann veröffentlicht werden. Das ist schon ein Qualitätskriterium, heißt aber noch lange nicht, dass der Aufsatz unumstößliche Wahrheiten verkündet. Im Optimalfall sollte es einfach heißen, dass der Aufsatz seine Thesen in einer Weise präsentiert, dass wir sie mit den Methoden unserer Wissenschaften überprüfen können und dass er den sonstigen Kriterien genügt, denen ihr auch in Hausarbeiten genügen müsst. Über diese Kriterien hinaus müsst ihr euch, wie gesagt, auf vielfältige Indizien verlassen, die immer nur eine Annäherung bieten können, ob eine bestimmte Veröffentlichung für euch interessant sein kann.

Räuberische Verlage – Predatory Publishing

Weil es in der letzten Zeit immer relevanter wurde, möchte ich hier noch einen Hinweis einfügen. Sowohl Publikationen als auch Konferenzen werden teilweise von Personen veranstaltet, die damit keine wissenschaftlichen, sondern rein ökonomische Interessen verfolgen. Solche Konferenzen werden etwa von der sogenannten „World Academy of Science, Engineering and Technology" (kurz WASET) veranstaltet. Das Geschäftsmodell von WASET ist, den Druck vor allem junger, aber auch einiger älterer Wissenschaftler:innen auszunutzen, durch die Teilnahme an internationalen Konferenzen ihr Renommee zu steigern. WASET veranstaltet so Konferenzen in bekannten Städten wie Amsterdam, New York oder Berlin und erhebt eine Konferenzgebühr. Es ist für WASET vollkommen gleichgültig, ob der vorgeschlagene Konferenzbeitrag inhaltlich in Ordnung ist, jede Person, die bereit ist, den Konferenzbeitrag zu bezahlen, wird angenommen. Dasselbe gilt für die Veröffentlichungen in den Zeitschriften, die WASET herausgibt. Sehr viele Beiträge werden hier von den Machern der Zeitschrift selber veröffentlicht und handeln von Themen, zu denen unmöglich eine einzige Person seriös geforscht haben kann. Auch die wissenschaftliche Qualitätssicherung wird bei diesen Zeitschriften nur zum Schein durchgeführt und die Beiträge werden einfach so abgedruckt, wie die Zeitschrift sie erhalten hat; vorausgesetzt, die Publikationsgebühr wird bezahlt. Eine Recherche auf WASET-Konferenzen hat gezeigt: Es reisen in der Tat Wissenschaftler:innen zu diesen Konferenzen, die ihre Themen präsentieren.[49] Man kann auch nicht ausschließen, dass

49 Svea Eckert und Peter Hornung, „Fake Science. Die Lügenmacher" (ARD, 23. Juli 2018), https://programm.ard.de/TV/daserste/fake-science---die-l-genmacher/eid_28106756231764 (zuletzt abgerufen 3.7.2022).

unter den Beiträgen in Zeitschriften von WASET sich Beispiele finden, die wirklich ernstzunehmen sind. Gerade am Anfang eures Werdegangs könnt ihr euch aber nicht darauf verlassen. Vertraut deshalb zunächst lieber auf anerkannte Publikationsformate. Wenn ihr dann Erfahrungen gesammelt habt und merkt, dass sich auch in weniger anerkannten Bereichen interessante Beiträge finden, dann könnt ihr diese natürlich ebenfalls nutzen. Aber ihr solltet dann wissen, dass eine solche Nutzung euren Lehrpersonen, Kolleg:innen oder Mitstudierenden (→ Stichwort „Habitus") zunächst signalisieren kann, dass ihr euch scheinbar nicht auskennt. Falls ihr so etwas also für notwendig haltet, dann solltet ihr es durch eine Erklärung einfangen.

Weil die Konferenzen wirklich stattfinden und auch die Publikationen wirklich publiziert werden, ist das, was WASET und andere räuberische Verlage anbieten, nicht illegal. Es verletzt zwar die Regeln des wissenschaftlichen Anstands, den Ethos der Wissenschaft nach Merton, stellt aber keinen Gesetzesbruch dar.

Es gibt mittlerweile viele Publikationen, die auf ähnliche Weise Teil eines Systems unlauteren Publikationsgebahrens sind. Ihr solltet auch aus diesem Grund wachsam sein, wenn ihr Veröffentlichungen durch Suchmaschinen im Internet findet. Häufig werden etwa auch Hausarbeiten zitiert, die Studierende an unterschiedliche Anbieter im Internet verkaufen können, die sie dann wiederum für einen bestimmten Betrag zum Download anbieten. Diese Materialien sind natürlich nicht grundsätzlich verkehrt und Studierende schreiben nicht selten Texte auf einem sehr hohen Niveau. Aber ihr solltet das auf jeden Fall gut überprüfen. Wenn ihr den Eindruck habt, dass ihr selbst nicht richtig einschätzen könnt, ob ein solcher Text gut gearbeitet ist, solltet ihr lieber davon absehen, ihn zu zitieren, denn die Unternehmen, die diese Texte anbieten, führen keine Qualitätskontrolle durch. Das heißt aber nicht, dass ihr euch hier nicht Inspirationen holen könnt und Anregungen, wie andere Studierende Hausarbeiten schreiben.

Was ist eigentlich Kultur?

Für angehende Kulturwissenschaftler:innen ist es sicher nicht ganz uninteressant, zu erfahren, was es eigentlich ist, über das wir alle in der Kulturwissenschaft oder den Kulturwissenschaften etwas herausfinden wollen. Nach den vorangegangenen Kapiteln werdet ihr hoffentlich weder überrascht noch allzu enttäuscht darüber sein, dass auch dieses Kapitel nicht die eine und definitive Antwort auf die Frage geben wird, mit der es überschrieben ist. Nicht, dass es nicht auch schon früher sehr viele Definitionen von „Kultur" gegeben hat, doch heutzutage ist das Angebot möglicher Untersuchungsbereiche auf jeden Fall zu groß, um es in einer Einführung vor euren Augen auszubreiten. Zwischen „Wissenskulturen" und „Unternehmenskulturen" befindet sich eine ganze Reihe unterschiedlicher Bindestrich-Kulturen, die jeweils eigene Forschungen am Gegenstand und eigene theoretische Reflexionen hervorgebracht haben. Doch zwischen den Aussagen „Der Kulturbegriff lässt ganz sich klar definieren. Er besagt: ..." und „Kultur definiert eben jede für sich selbst" gibt es noch zahlreiche Nuancen. Wie so oft bewegen wir uns auch hier in ebendiesem Graufeld der Abstufungen. In den letzten Jahren habt ihr vermutlich auch die Diskussionen über eine „Leitkultur" oder die „Kultur des Abendlandes" einiges in den Zeitungen gelesen. Was „Kultur" ist, so sieht man an diesen Debatten, und vor allem, wer an ihr teilnehmen darf und wer nicht, ist eine politische Frage.

Der erste Kommentar zum Kulturbegriff betrifft deshalb seine ausschließende Dimension. Das Wort „Kultur" wurde und wird eben nicht immer in einem inklusiven Sinn verwendet, sondern auch häufig dazu benutzt, Rangordnungen von verschiedenen Kulturen festzulegen, von denen einige dann – überwiegend die eigene – auf der Skala weit oben rangieren und andere – häufig die von kolonisierten und rassifizierten[50] Menschen – eher am

50 Mit diesem Begriff soll darauf hingewiesen werden, dass es keineswegs natürlich ist, dass Menschen in bestimmte Gruppen kategorisiert werden. Dass eine Person als anders wahrgenommen wird und dass dies aufgrund

unteren Ende. Wie wir weiter unten sehen werden, meinte Pierre Bourdieu in seiner Kultursoziologie sogar, dass Kultur immer zur Festlegung von bestimmten Machtpositionen dient.

Bei einem reflektierten Blick auf den Gegenstand „Kultur" wird somit sichtbar, dass „Kultur" häufig dazu dient, Menschen in Gruppen einzuteilen und dann bestimmte Gruppen als höherwertig zu betrachten. Damit kann der Begriff „Kultur" heute nicht mehr einfach so verwendet werden. Wir müssen in jedem Einzelfall verstehen, wer aus welchem Grund von Kultur spricht und was damit gemeint ist. Es ist auch nicht unwichtig, danach zu fragen, ob die Person, die von Kultur spricht, im Zentrum dieser Kultur steht oder ob sie von einer weniger mächtigen Position aus Teilhabe fordert. Oben (→ sensible Sprache und Forschungsethik) habe ich auf den Fall des Raubs von Kulturgütern angespielt, in dem dies eindeutig eine wichtige Frage ist, doch es gibt auch andere Fälle, in denen man nicht verstehen kann, was für eine Rolle Kultur spielt, ohne die soziale Position derjenigen zu berücksichtigen, die über sie sprechen.

Ein Blick zurück in das 18. Jahrhundert – Kultur und Natur

Im 18. Jahrhundert, besonders am Ende des 18. Jahrhunderts, wurden die Grundlagen dafür gelegt, dass es so etwas wie „Wissenschaften vom Menschen" geben konnte, also auch die Untersuchung der menschlichen Kulturen. In dieser Zeit wurden bereits unterschiedliche Varianten durchdiskutiert, wie die Unterschiede zwischen Menschengruppen gewichtet und erfasst werden könnten. Viele dieser Vorschläge gingen davon aus, dass sich bestimmte Menschengruppen ganz prinzipiell unterscheiden, wenige andere hielten die Unterschiede für zufällig und historisch bedingt, noch seltener wurden diese Unterschiede als unerheblich betrachtet. Der Begriff „Kultur" wurde in dieser Zeit zu einer Möglichkeit, Unterschiede zwischen Menschengruppen auszudrücken. Im 19. Jahr-

ihrer physischen Erscheinung geschieht ist ein Ergebnis eines Prozesses der „Rassifizierung". In der Vergangenheit wurden Menschen in unterschiedliche „Rassen" aufgeteilt. Mit dieser Aufteilung war fast immer eine Wertung und Hierarchisierung verbunden. Auch wenn das Wort nicht mehr verwendet wird, wirkt die Hierarchisierung noch immer.

hundert konnte dann von unterschiedlichen „Kulturen" gesprochen werden und damit waren ganz verschiedene Dinge gemeint.

In vielen Hinsichten kann man sagen, dass das 18. Jahrhundert, also vor allem das europäische und amerikanische, dasjenige der Klassifikation gewesen ist. Der französische Philosoph Michel Foucault hat das in seinem Buch *Les mots et les choses* (dt.: *Die Ordnung der Dinge*, 1966), das nicht ganz leicht zu verstehen ist, sehr ausführlich beschrieben.[51] Wissenschaften im 18. Jahrhundert waren ganz besonders daran interessiert, die Dinge der Welt zu ordnen und Systeme zu finden, die begründen sollten, warum diese oder jene Ordnung besser ist als eine andere: Ordnungen für Pflanzen, für Tiere, für Steine und eben auch für Menschen. Um Menschengruppen untereinander zu vergleichen, wurde dann manchmal ihre physische Erscheinung herangezogen, aber auch Verschiedenheiten in ihren Lebensgewohnheiten, ihrer Kultur.

Ich möchte hier auf den Ansatz des schwedischen Naturforschers Carl von Linné eingehen, der ihn in einem Buch mit dem Titel *Systema naturae* (*System der Natur*, 1735) niedergelegt hat. In diesem Natursystem schlägt er die Klassifikation vor, die mit ein paar Änderungen auch heute noch in der Biologie gültig ist, die Einteilung der Naturdinge der Welt in *Genus* und *Species*. Beides, Genus – also Geschlecht – und Species – die Art – waren in den Augen Linnés ewige und unveränderliche, natürliche Ordnungen, die die gottgewollte Ordnung der Welt war, die der Mensch Dank seiner Teilhabe an der göttlichen Weisheit erkennen konnte. Unterhalb dieser Ordnung existierte nach Linné auch noch eine weitere Möglichkeit, Menschen zu ordnen, und zwar die „Varietas" – die Varietät. Anders als Geschlecht und Art war die Varietät nach Linné eben nicht ewig und unveränderlich, sondern zufällig und von menschlichen Interessen abhängig. Und gerade auf dieser Ebene, die mehr zufällig gewählt wurde, ordnet Linné die Menschen verschiedener Kontinente. Auf dieser Ebene, und nun kommt der Kulturbegriff, auf den ihr vielleicht schon gewartet habt, unterscheiden sich die Menschen „nach Kultur und Ort" und eben nicht nach der „Natur". Linné ist noch sehr weit ent-

51 Michel Foucault, *Die Ordnung der Dinge. Eine Archäologie der Humanwissenschaften [1966]* (Frankfurt am Main: Suhrkamp, 1974).

fernt von einer Kulturanthropologie, die erst im 20. Jahrhundert das Licht der Welt erblickt, doch was schon Linné hier in der Mitte des 18. Jahrhunderts annahm, war: Menschen unterscheiden sich in Bezug auf die Art und Weise, wie sie ihr Leben führen und für ihre Nahrung sorgen, d. h. Ackerbau, Viehzucht, Paarverhalten, Familienstrukturen und so weiter. Linné nahm auch an, dass diese Varietäten der Menschen (ihm zufolge der amerikanische, europäische, asiatische, afrikanische, wilde Mensch) sich in ihrem Äußeren unterschieden, maß aber diesen Unterschieden kein klassifikatorisches Gewicht bei.

Auch wenn Linné das vielleicht nicht gewollt hat, bildete sich um den Begriff der menschlichen Varietäten während des 18. Jahrhunderts eine breite Diskussion unter Gelehrten, die sich die Frage gestellt haben, ob es nicht doch ganz grundlegende Unterschiede zwischen Menschen gebe. Diese grundsätzlichen Unterschiede wären dann nicht so einfach durch Unterschiede in Lebensweise und -ort zu erklären. Immer wieder handelte es sich darum, die Frage zu klären, ob die Verschiedenheit der Menschen eher ein unveränderliches oder eine veränderliches Phänomen sei. Die Frage nach der „Kultur“ und der „Natur“, also dem von Menschen und dem von Gott Geschaffenen, wurde so auf unterschiedliche Weise ge- und vermischt. Die Europäer haben sich auf die Suche nach den physischen Ursachen für unterschiedliche Kulturen begeben und zugleich auch die Kritik an diesem sehr häufig rassistischen, manchmal auch völkischen oder einfach kulturarroganten Blick auf Menschen hervorgebracht.

Warum ist es nun wichtig, diese kleine Geschichte im Hinterkopf zu haben, wenn man sich Gedanken über den Kulturbegriff insgesamt macht? Es ist wichtig, das zu wissen, weil der Kulturbegriff in der Geschichte immer und immer wieder zusammen mit dem Begriff der „Rasse“ (oder dem des „Volkes“, der „Ethnie“ oder anderen Begriffen, die Menschen aufgrund ihrer Physis ordnen und hierarchisieren) ins Gespräch gebracht wurde. Der Kulturbegriff wurde auch immer wieder dazu verwendet, verschiedene Menschengruppen in eine Ordnung der verschiedenen Werte zu bringen. Es ist nicht weiter schwer, verschiedene Gründe dafür zu finden, warum gerade die Menschen des 18. Jahrhunderts ein so großes Interesse daran hatten.

Die Hierarchisierung von Menschengruppen hat dazu gedient, andere Menschen so zu beschreiben, dass ihre brutale Ausbeutung im Kolonialismus als legitim erscheinen konnte. Denn wir dürfen nicht vergessen, dass wir uns im Zeitalter der Aufklärung bewegen, in dem Werte der Menschlichkeit, Gleichheit, der Kritik an Gewalt und so weiter ständig im Mund geführt wurden. Brutale kolonialistische Ausbeutung und auch andere Ungleichbehandlungen stellte für diese aufklärerischen Menschen häufig einen Widerspruch zu ihren eigenen moralischen Überzeugungen dar. Gründe, dass man zugleich ein Aufklärer und ein kolonialer Ausbeuter sein konnte, ohne dass die entsprechende kognitive Dissonanz[52] allzu groß wurde, konnten einem im 18. Jahrhundert und im folgenden 19. und 20. Jahrhundert anthropologisierende Beschreibungen liefern. Sie konnten auf dem Boden der Aufklärung darlegen, dass Menschen, die in Afrika schon immer wohnten, viel besser dran wären, wenn ihnen die aufgeklärten Menschen aus Europa sagten und zeigten, wie ein richtiges Leben im Sinne der Humanität auszusehen hatte. Ganz ähnliche Argumente finden sich in den Texten und Reden von Personen, die heute dem politisch rechten Spektrum zugeordnet werden. Auch sie gehen davon aus, dass die „Kultur Europas", ihr sog. „jüdisch-christliches Erbe", es Personen von außerhalb Europas unmöglich machen würde, sich in Europa heimisch zu fühlen.

Ich hoffe, dass es euch überzeugt, dass damit der Vergleich von „Kulturen" unterschiedlicher Menschengruppen nicht unschuldig ist. Wenn wir Kulturwissenschaft betreiben, sollten wir deshalb im Hinterkopf haben, dass das Fach einen solchen Hintergrund hat. Die weitere Geschichte ist dann komplex und ich möchte nur ganz wenige Schlaglichter herausgreifen. Während des 19. Jahrhunderts entwickelten sich unterschiedliche wissenschaftliche Zugänge zur Kultur. Vor allem bildeten sich Ansätze, wie verschiedene Kulturen – im Plural – verglichen werden könnten. Diese Entwicklungen sind die Basis dafür, dass sich dann am Ende des 19. Jahrhunderts etwas bilden konnte, das sich als Kulturwissenschaft als Fach an Universitäten etablieren konnte.

52 Ein Begriff, der innerhalb der Sozialpsychologie von Leon Festinger (1919–1898) eingeführt worden ist. Festinger geht davon aus, dass Menschen, wenn ihre Handlungen sich von ihren Absichten und Überzeugungen unterscheiden, in einen Zustand der kognitiven Dissonanz geraten. Sie müssen dann auf irgendeine Art damit umgehen. Leon Festinger, *Theorie der kognitiven Dissonanz* (Bern u. a.: Huber, 1978).

Kulturwissenschaft, Geisteswissenschaft, Naturwissenschaft, Psychologie

Im Jahr 1898 erschien ein Text des Philosophen Heinrich Rickert (1863–1936), der den Begriff der „Kulturwissenschaft" ausführlich diskutiert. Rickert wollte damit eine Art Grundlage für die Freiburger „Kulturwissenschaftliche Gesellschaft" bieten, die sich eben mit „Kulturwissenschaft" befassen sollte. Horst Gundlach hat dies schön dargestellt.[53] Im Jahr 1898 haben sich in Freiburg Angehörige verschiedener Fakultäten getroffen, um eine Gesellschaft zu gründen, die als „Seitenstück" zum „Verein der hiesigen Naturforscher" gelten sollte, die in Freiburg schon seit dem Jahr 1821 bestand. Wer jetzt erwartet, alle hätten hier an einem kulturwissenschaftlichen Strang gezogen und die Geburt der Kulturwissenschaft ausgelassen gefeiert, wird von Rickerts Erinnerungen erst einmal enttäuscht:

> „Zwar haben wir uns schliesslich auf das Wort ‚Kulturwissenschaftliche Gesellschaft' geeinigt, doch ist damals der Widerspruch dagegen wohl nur deshalb verstummt, weil Niemand ein besseres vorzuschlagen wusste".[54]

Rickert bekam dann die Aufgabe, aus dieser Verlegenheitslösung etwas zu machen und hielt im Jahr 1898 den Eröffnungsvortrag der Gesellschaft mit dem Titel „Kulturwissenschaft und Naturwissenschaft". In diesem Vortrag, der zahlreiche erweiterte Auflagen erlebte und in Deutschland sehr wichtig für die Verbreitung des Begriffs „Kulturwissenschaft" war, schlug Rickert eine allgemeine Einteilung der Wissenschaften vor. Wie auch andere Autor:innen aus dieser Zeit ging es für Rickert um die Frage, wie die „Kulturwissenschaften" von den Naturwissenschaften abgegrenzt werden könnten. Ganz ähnliche Überlegungen hat zur selben Zeit der Philosoph Wilhelm Dilthey (1833–1911) angestellt, der immer wieder genannt wird, wenn es darum geht, über die Ursprünge der „Geisteswissenschaften" nachzudenken. Die Herausforderungen, vor der diese Autor:innen standen, war, zu begründen, warum Geis-

53 Horst Gundlach, *Wilhelm Windelband und die Philosophie. Das Fach Philosophie und die Wissenschaft Psychologie im Deutschen Kaiserreich* (Wien: Johannes Thomas, 2017).

54 Gundlach, *Wilhelm Windelband und die Philosophie*, 245.

tes- oder Kulturwissenschaften genauso wie die Naturwissenschaften eine Daseinsberechtigung an Forschungsinstitutionen hätten. Die Naturwissenschaften waren dabei insofern im Vorteil, als sie schon eine längere Geschichte hatten und weil viele Menschen das naturwissenschaftliche Experiment sehr überzeugend fanden. Außerdem machten die Naturwissenschaften während des 18. und 19. Jahrhunderts durch aufsehenerregende Entdeckungen von sich reden, so dass eigentlich niemand in Frage stellte, dass sie einen Platz an Forschungseinrichtungen haben mussten. Bei den Geistes- und Kulturwissenschaften war zunächst nicht ganz klar, was sie den Naturwissenschaften, ihren Experimenten und Naturgesetzen, entgegenhalten könnten.

Rickerts Umgang mit dieser Herausforderung war, die Wissenschaften in „historische Wissenschaften" und „Gesetzeswissenschaften" zu teilen. Die „historischen Wissenschaften" hatten es im Unterschied zu den Gesetzeswissenschaften nach Rickert nicht mit Gegenständen und Prozessen zu tun, die sich wiederholten, sondern mit einmaligen, ereignishaften Dingen – Kriegen, Revolutionen und so weiter. Auch die Kulturwissenschaften gehörten nach Rickert zu den historischen Wissenschaften, insofern sie die einmaligen Unterschiede und Entwicklungen der unterschiedlichen Kulturen nachzeichnen sollte. Damit Kulturwissenschaftler:innen und Geisteswissenschaftler:innen dies leisten konnten, durften sie sich nicht auf die Suche nach allgemeinen Gesetzmäßigkeiten begeben, denn die Erforschung des einmaligen historischen Ereignisses stand schließlich im Zentrum. Der Philosoph Wilhelm Dilthey, den ich oben schon erwähnt habe, prägte für diesen Unterschied die Begriffe „nomothetische" (Gesetze aufstellende) und „ideographische" (Ideen beschreibende) Wissenschaften. Für die letzteren Wissenschaften wären Methoden des Verstehens, Einfühlens, Deutens und der Zuschreibung von „Sinn" wesentlich, Dinge, die innerhalb von Naturwissenschaften diesen Autoren zufolge keine oder eine untergeordnete Rolle spielten.

Wenn ihr ein wenig darüber nachdenkt, werdet ihr sicher schnell feststellen, dass sich die Unterscheidung, die Rickert und Dilthey vorschlugen, nicht zu 100% durchhalten lässt. Auch in Naturwissenschaften ist es manchmal wichtig, den „Sinn" der Forschungsgegenstände nachzuvollziehen. Andererseits gibt es auch in den Kultur- und Geisteswissenschaften Bereiche, in denen – bspw. in der Linguistik – nach allgemeinen Gesetzen gefragt wird. Und heutzutage gibt es außerdem alle möglichen Mischformen.

Vielleicht hilft aber diese kleine Erzählung dabei, besser zu verstehen, warum auch heute noch in manchen Fächern Vertreter:innen, die nach allgemeinen Gesetzen suchen und solche, die eher meinen, dass das Deuten und Verstehen wichtig wäre, sich unversöhnlich gegenüberstehen. Die Geschichte, die erklärt, warum das so ist, müsste noch ausführlicher erzählt werden. Das kann ich hier aus Platzgründen, aber auch, weil ich mich darin nicht so genau auskenne, nicht tun. Jedenfalls ist hoffentlich klargeworden, dass sich so ungefähr um 1900 dieser Gegensatz herausbildete und seitdem eine wechselvolle Geschichte hatte.

Kultur als spezifisch menschliche Eigenschaft – Ernst Cassirer

Der Philosoph Ernst Cassirer (1874–1945) spielte für die Etablierung der Kulturwissenschaft in Deutschland eine wichtige Rolle. Cassirer gehörte zu den Philosophen, die während der Weimarer Republik in Deutschland tonangebend waren. Da er Jude war, musste er nach den rassistischen Gesetzgebungen der Nationalsozialisten, insbesondere dem infamen „Gesetz zur Wiederherstellung des Berufsbeamtentums“ vom 7. April 1933, aus Deutschland fliehen. Ich sollte deshalb darauf aufmerksam machen, dass Cassirer einer der wenigen jüdischen Rektoren einer deutschen Hochschule, nämlich der Universität Hamburg, war und im Jahr 1933 wegen des Aufstiegs der Nationalsozialisten um die Enthebung von allen Amtspflichten gebeten hat. Er kam damit seiner Entlassung zuvor.

Cassirer hat eine etwas andere Antwort auf die methodische Eigenständigkeit der Kulturwissenschaften gefunden als Rickert und Dilthey. In seinen Beiträgen hat er versucht, eine versöhnlichere und vermittelnde Position zwischen Natur- und Geisteswissenschaften zu finden. Damit sollte die Eigenständigkeit der Kulturwissenschaften betont, jedoch überdies anerkannt werden, dass auch die Naturwissenschaften interessante Dinge über die Menschen zu sagen hatten. Cassirer meinte, dass es einen besonderen Grund gebe, warum die Kultur der Menschen auf eine andere Art untersucht werden müsse, als die Natur: Die Kultur war von Menschen selbst hervorgebracht! Ein Stein existiert auch ohne Menschen, ein Roman von Voltaire ganz offensichtlich nicht. Den Stein müssen wir also irgendwie anderes untersuchen als den Roman von Voltaire. Ohne, dass Menschen Kultur auf eine bestimmte Weise *machten*, würde sie nicht existieren, und wenn es das Handeln der Menschen war, das die Kultur hervorbrachte, so müsste Kultur auch auf eine besondere Weise verstanden werden können. Die grundlegende Idee war: Was wir mit unserem Geist hervorbringen, müssen wir auch mit unserem Geist verstehen können.

Damit hat Cassirer eine Zwischenposition eingenommen. Weder behauptete er, dass die Kulturwissenschaften nur einmalige historische Ereignisse verstehen und beschreiben könnten, noch sagte er rundheraus, dass auch die Kulturwissenschaften etwas den allgemeinen Naturgesetzen Analoges hervorbringen könnten. Cassirer war sehr an den Ergebnissen der Naturwissenschaften interessiert und hat besonders Ergebnisse der Biologie und der Verhaltensforschung für seine eigenen Forschungen als sehr wichtig erachtet. Man muss also in den unterschiedlichen naturwissenschaftlichen und kulturwissenschaftlichen Perspektiven auf den Menschen und sein Verhalten keineswegs eine Konkurrenz sehen.

Cassirer hat einiges darüber gesagt, was die Rolle der Kultur im Leben der Menschen ist. Als Philosoph interessierte sich Cassirer ganz besonders dafür, wie Menschen eigentlich die Welt verstehen konnten. Damit das möglich wäre, so meinte Cassirer, müssten sie sogenannte „symbolische Formen" gebrauchen. Ein und derselbe Gegenstand in der Welt könnte durch unterschiedliche „symbolische Formen" ausgedrückt werden. Cassirer meinte, dass Menschen ganz besondere Tiere seien, die eine Fähigkeit hätten, die andere Tiere nicht hätten: Sie können Symbole verwenden. Für Cassirer sollte diese Mensch-Tier-Debatte bis zu seinem Tod wichtig bleiben, für mich ist sie hier nicht so wichtig. Ob Tiere auch Symbole gebrauchen können, braucht mich hier nicht zu interessieren (auch wenn ich die Frage an sich interessant finde!). In jedem Fall haben Menschen in der Tat die Fähigkeit, ein und dieselbe Wahrnehmung auf verschiedene Weise zu symbolisieren:

Ich sehe einen Wassertropfen. Ich kann diesen Wassertropfen malen und in das Symbolsystem der Kunst überführen, ich kann ihn als H_2O analysieren und damit in das Symbolsystem der Wissenschaft übersetzen, ich kann ihn als Geschenk Gottes begreifen und als religiöses Ereignis symbolisieren. Wie ihr wisst, bestehen alle diese Formen der Symbolisierung nebeneinander und sie treten bisweilen, aber häufig auch nicht, in Konflikt. Die Menschen machen sich in ihren symbolischen Formen damit eine bestimmte Wahrnehmung wirklich zu eigen.

Symbolsysteme, also symbolische Formen, bilden eigene Perspektiven auf Gegenstände. Dabei sind sie nicht blind füreinander. Weil symbolische Formen vielfache Möglichkeiten bieten, uns auszudrücken, beinhalten sie häufig auch die Möglichkeit, andere Symbolsysteme zu symbolisieren: Wir können uns also mit den symbolischen Formen über die anderen symbolischen Formen verständigen. Ich kann die Wissenschaft in der Kunst symbolisieren und die Kunst in der Wissenschaft, aber eben immer im Rahmen der Regeln der jeweiligen Symbolsysteme. Welt ist für Menschen nach Cassirer so nicht nur in der direkten physischen Konfrontation verfügbar, sondern überdies in der symbolischen Aneignung. Ich kann den Stein mit meinen Händen heben, aber ich kann ihn auch in Symbole übersetzen und dann mit diesem Symbol operieren – je nachdem, welches Ziel ich damit verfolge. Es gibt aber nach Cassirer kein Verständnis der Welt, das ohne Symbole auskommen könne, denn „Verständnis" ist überhaupt nur dann möglich, wenn es in irgendeiner Form auch mitgeteilt werden kann, und das geht nur mit Symbolen.

Wenn wir alle diese unterschiedlichen „symbolischen Formen" zusammennehmen, dann ergibt sich ein Bild davon, wie ein bestimmter Mensch oder eine Gruppe von Menschen sich zu einer bestimmten Zeit die Welt angeeignet hat. Wenn man das anders ausdrücken möchte, kann man sagen: Wir haben dann etwas darüber erfahren, wie „Erfahrung" oder der „Geist" zu einer bestimmten Zeit sich Welt verfügbar gemacht hat. Cassirer meinte nun, dass uns diese „innere Struktur" des Geistes zugänglich sei, weil es der menschliche Geist selber wäre, der sie hervorgebracht hätte. Die Kulturwissenschaft könnte so zwar keine allgemeinen Gesetze aufstellen, aber sie könnte erklären, wie die Menschen zu unterschiedlichen Zeiten und in unterschiedlichen Regionen der Welt symbolische Formen gefunden hätten, um sich die Welt zu repräsentieren. Mit der *Philosophie der symbolischen Formen* wollte Cassirer auf die veränderte Stellung der Philosophie reagieren. In der Philosophie sollten nun nicht mehr die Prinzipien bestimmt werden, die für die anderen Wissenschaften maßgeblich sind. Wissenschaft und andere symbolische Formen sollten vielmehr als Systeme verstanden werden, die verschiedene Formen des Weltverständnisses anböten. Diese Formen zu begreifen ist dann eine Aufgabe der Philosophie der symbolischen Formen, der Kulturwissenschaft. Und in dieser Form war die Philosophie für Cassirer Kulturwissenschaft.

Cassirer hatte in der Philosophie der symbolischen Formen und späteren Texten im Wesentlichen diese erkenntnistheoretische Zielsetzung. Er wollte einen kulturwissenschaftlichen Beitrag dazu liefern, Erkenntnisformen in ihren unterschiedlichen historischen Epochen darzustellen. In seinen Texten finden sich nicht viele Überlegungen dazu, welche sozialen oder politischen Folgen diese Erkenntnisformen hatten.

Im Jahr 1944 publizierte Cassirer *An Essay on Man*, also etwa *Versuch über den Menschen*. In dem Buch wollte er seine Philosophie einem breiteren Leser:innenkreis zugänglich machen, also den sehr gelehrten Stil der *Philosophie der symbolischen Formen* aufgeben und außerdem die neuesten Ergebnisse der Verhaltensforschung aufgreifen. Obwohl er das Buch mitten während der furchtbarsten Auseinandersetzungen des Zweiten Weltkriegs schrieb, enthält es keinen Kommentar, der erklären würde, auf welche Weise Kultur zur Barbarei des Zweiten Weltkriegs beigetragen hatte.[55] Diese Frage stellen sich zeitgleich, ebenfalls in Amerika, zwei Akteure der Frankfurter Schule: Max Horkheimer und Theodor W. Adorno.

Kulturindustrie – Adorno und Horkheimer

In der sogenannten „Frankfurter Schule" waren schon seit den 1920er Jahren Texte erschienen, die mehr dazu beitrugen, die Rolle der Kultur für neue autoritäre Regime zu hinterfragen. Ein Zentrum war das *Institut für Sozialforschung*, das im Jahr 1923 in Frankfurt seine Pforten öffnete. Eine der Fragen nach 1933 war: Was bedeutete es, dass die neuen autoritären Regime, also vor allem das Hitlerregime, sich nun auf die Medien einer „Massenkultur", auf Radio und Fernsehen, stützen konnten? Was veränderte es, wenn Kultur für alle verfügbar wurde und zentral gesteuert werden konnte?

Kultur wurde in diesen Forschungen als ein Mittel der Machtausübung untersucht. Nicht immer musste eine solche Machtaus-

55 In anderen Texten hat Cassirer sich diese Frage durchaus gestellt.

übung so strategisch geschehen, wie es in der Zeit des Nationalsozialismus' im Propagandaministerium Joseph Goebbels' geschehen ist. Soziale Strukturierung durch Kultur fand in den Augen der Frankfurter Schule auch mehr oder weniger unbewusst durch die Art und Weise statt, wie Menschen in Medien dargestellt wurden, wie Frauen als sorgende Mütter und Ehefrauen in der Werbung erschienen oder wie familiäres Leben repräsentiert wurde. Diese Formen von Kultur, die durch Massenmedien kanalisiert wurden, boten auf der anderen Seite aus genau denselben Gründen Möglichkeiten, gegen die existierenden gesellschaftlichen Zustände Protest anzumelden, sie verändern zu wollen.

Theodor W. Adorno und Max Horkheimer haben im Jahr 1944 unter dem Titel *Dialektik der Aufklärung* eine Sammlung von „Fragmenten" veröffentlicht, die unterschiedliche Aspekte der Frage behandeln, wie es in Deutschland zum Staat der Nationalsozialisten kommen konnte.[56] In einem Kapitel des Buches mit dem Titel „Kulturindustrie" befassen sie sich mit der Frage, welchen Anteil die massenhaft produzierte Kultur daran hatte. Dass Kultur massenhaft verfügbar wurde, war durch neue Verbreitungsmedien – bessere Druckerpressen, Telegraphie, Radio, Fernsehen – seit Anfang des 20. Jahrhunderts für alle Beobachter:innen sichtbar. Durch den Ersten Weltkrieg, den ersten „Medienkrieg", wurde dieses Bewusstsein noch einmal geschärft.

Horkheimer und Adorno beziehen dazu eine sehr kritische Haltung. Sie meinen, dass im entfalteten Kapitalismus, also ihrer Annahme nach zu ihrer Zeit, Kunst und Kultur zu Waren würden. Sie gehen davon aus, dass bestimmte Industrien, eben die Kulturindustrien, errichtet würden, die dazu dienten, Kulturprodukte an möglichst viele Menschen zu verkaufen. Adorno und Horkheimer meinen, dass die Arbeit in diesem entfalteten Kapitalismus „entfremdet" sei, ein voraussetzungsreicher Begriff, den ich hier nicht ausführlich erklären kann. Auf jeden Fall beinhaltet diese Annahme: Das Leben, das die Arbeitnehmer:innen führen müssen, entfernt sich von den eigentlichen Bedürfnissen der Menschen. Weil das so ist, müssen die Menschen auf irgendeine Art dazu gebracht werden, dieses Leben für die entfremdete Arbeit dennoch zu füh-

56 Horkheimer und Adorno, *Dialektik der Aufklärung. Philosophische Fragmente [1944]* (Frankfurt am Main: Fischer).

ren. Einen Beitrag hierzu leisten nach Adorno und Horkheimer die Produkte der Kulturindustrie: Sie stellen die Bereitschaft der Menschen her, in den entfremdeten Arbeitsformen weiter zu arbeiten. Emblematisch für Horkheimer und Adorno für diese Entwicklung war dabei das Radio. Das Radio lösche „[j]ede Spur von Spontaneität des Publikums“[57] aus, das Publikum sei vielmehr dazu gezwungen, lediglich passiv zuzuhören. Solche Kulturprodukte, wie auch Kinofilme – und vermutlich müsste man Serien von Anbietern wie Netflix oder Amazon ähnlich bewerten –, dienen nach Horkheimer/Adorno der „Zerstreuung“ der Konsument:innen. Sie tragen so dazu bei, dass die Eingliederung der Arbeitnehmer:innen in ihre Arbeitsrealitäten auf weniger Widerstand trifft.

Die *Dialektik der Aufklärung* ist, wie ich oben schon gesagt habe (→ Kapitel „Wie lese ich Texte“), nicht leicht zu lesen und ist voller versteckter intellektueller Referenzen. Ihr werdet Sätze lesen wie: „Kulturindustrie hat die Tendenz, sich zum Inbegriff von Protokollsätzen zu machen und eben dadurch zum unwiderlegbaren Propheten des Bestehenden.“[58] Der Verweis auf „Protokollsätze“ in diesem Zitat wird für euch beispielsweise vielleicht nicht gleich klar sein. Die Autoren spielen hier auf eine bestimmte andere Richtung in der Philosophie an, die sie ablehnen.[59]

Mit Positionen wie der der Frankfurter Schule wurden Perspektiven auf Kultur gängig, die immer mehr auf die Nutzung von Kultur durch Staaten aufmerksam machten. Die Frankfurter Schule sah dies sehr kritisch. Kultur war für diese Autor:innen ein Faktor der modernen Produktionsbedingungen, der Industrie. Die Autor:innen der Cultural Studies (→ nächster Abschnitt) sahen das ganz ähnlich.

Cultural Studies – Althusser

Der Abschnitt über das 18. Jahrhundert sollte daran erinnern, dass wir immer sehr vorsichtig sein sollten, wenn wir über „Kultur“ sprechen, denn der Begriff hat eine nicht immer glückliche Geschichte, die Teil der europäischen Arroganz des 18. und 19. Jahrhunderts

57 Horkheimer und Adorno, *Dialektik der Aufklärung*, 130.

58 Ebd., 156.

59 Nämlich den „Wiener Kreis“, eine Richtung innerhalb der Philosophie.

war, als Europa sich an der Spitze des menschlichen Fortschritts wähnte.

Vor allem sollten wir uns klarmachen, warum es wirklich wichtig ist, verschiedene kulturelle Systeme zu untersuchen. Eine Antwort, die meiner Meinung nach immer noch überzeugen kann, wurde von den englischen Cultural Studies – das kann man mit Kulturelle Studien oder Kulturwissenschaft übersetzen – gegeben; sie führt uns gar nicht so weit vom 18. Jahrhundert weg. Eine Untersuchung der kulturellen Systeme – für den Vertreter der Cultural Studies Stuart Hall (1932–2014) – ist sehr wichtig. Denn auf der Ebene der kulturellen Produkte werden Menschen hierarchisiert und auch dieses System dient dazu, Ungleichheiten innerhalb einer gegebenen Gruppe von Menschen (und nicht nur zwischen unterschiedlichen Gruppen) zu rechtfertigen. Hall war auf Jamaika in eine wohlhabende Familie geboren und später nach England gegangen. In seiner Autobiographie betont er die komplexen Beziehungen, die auf Jamaica zwischen „Schwarzen,“[60] „Braunen“ und „Weißen“ herrschten und die noch durch die Reibungen zwischen einer Schwarzen Ober- und einer Schwarzen Unterschicht erhöht wurden.[61] Immer wieder hat Hall auf seine eigene Biographie Bezug genommen und seine Existenz als Schwarzer Intellektueller und als Akteur der englischen New Left waren wichtige Bezugspunkte für ihn. Einerseits konnte er auf Jamaika die Folgen von ökonomischen Ungleichbehandlungen unmittelbar sehen, er sah aber auch, dass ökonomische Faktoren nicht allein erklären konnten, warum Ungleichheiten zwischen Gruppen bestanden. Auch die kulturellen Faktoren mussten berücksichtigt werden.

Für Hall und die Gruppe der Cultural Studies insgesamt war es wichtig, die Thesen von Karl Marx neu zu lesen. Dessen „Pariser Manuskripte“ waren in englischer Übersetzung erschienen und waren neben anderen Inspirationen wichtig dafür, neu darüber

---

60 Das Wort wird hier groß geschrieben, um zu verdeutlichen, dass es sich hierbei um eine Selbstzuschreibung handelt. Hall und die Schicht, aus der er stammt, hat sich selbst als „Schwarz“ begriffen und diese Identifizierung hatte viele lebenspraktische und politische Konsequenzen.

61 Das Buch ist sehr lesenswert und für die Geschichte der Cultural Studies erhellend. Es ist auf deutsch übersetzt: Stuart Hall, *Vertrauter Fremder. Ein Leben zwischen zwei Inseln* (Hamburg: Argument / InkriT, 2020).

nachzudenken, welche Rolle die Kultur in der Gesellschaft spielte. Besonders betonten die englischen Cultural Studies, dass Kultur den Menschen sagte, an welcher Stelle der Gesellschaft sie stehen. Damit trug Kultur dazu bei, die Struktur der Gesellschaft zu festigen. Um also gesellschaftliche Strukturen zu reproduzieren, zu denen auch Formen der Ungleichbehandlung gehörten, bedienten sich den Cultural Studies zufolge mächtigere Gruppen in der Gesellschaft auch der Kultur. Ein erster Schritt, um die Herrschaft der einen, dominanten Kultur anzufechten, bestand deshalb darin, auch in den Lebensformen von Arbeiter:innen einen Ausdruck von Kultur zu sehen.

Die Bewegung, die sich für solche Dinge interessierte, nannte sich in England die „New Left", neu unter anderem, weil sie daran interessiert war, eine Deutung von Marx zu differenzieren, die ihnen zu einfach schien: Bestimmte Deutungen von Marx gingen nämlich von einer einfachen „Reflextheorie" aus, derzufolge Kultur nur ein Symptom von einer Veränderung in der großen Struktur der Produktionsbedingungen sei. Der „Überbau" – also die Kultur – war dieser These zufolge ein Reflex der „Basis". „Basis" meint dabei die Grundlagen einer Gesellschaft, die bestimmen, wie sie aufgebaut ist. Für Marx und seine Leser:innen war diese Basis identisch mit den ökonomischen Produktionsbedingungen, also mit der Frage, wie eine Gesellschaft Güter herstellte und dann auch konsumierte. Die New Left wollte dagegen darauf hinweisen, dass ohne ein Verständnis von Kultur nicht erklärt werden könne, wie es bestimmten Gruppen gelang, gesellschaftliche Macht zu erhalten.[62]

Eng verbunden mit der New Left trugen die Cultural Studies dazu bei, den Begriff „Kultur" auch für Bereiche zu verwenden, für die er ursprünglich nicht verwendet worden war. So ließ sich von einer „Arbeiterkultur" sprechen und später auch von „Hip-Hop-Kultur" und vielen anderen Bindestrich-Kulturen. Die Autor:innen wollten damit den hierarchisierenden Charakter des Kulturbegriffs zum Gegenstand einer politischen Debatte machen. Sie plädierten dafür, Kultur nach dem Vorbild der US-amerikanischen Kulturanthropologie als eine Lebensform, als einen „way of life",

62 Stuart Hall, *Cultural Studies 1983. A Theoretical History* (Durham/London: Duke University Press, 2016).

zu begreifen. So gab es nicht „die" Kultur, sondern einfach unterschiedliche Formen, in denen bestimmte Gruppen ihr Leben organisierten: welche Lieder sie sangen, welche Soziolekte sie verwendeten, wie sie auf Sexualität blickten und so weiter. In diesem weiten Sinn von Kultur hatte jede Gruppe ihre Kultur und die Aufgabe der Wissenschaft bestand zunächst darin, sie zu verstehen und zu beschreiben.

Die Cultural Studies interessierten sich dabei ganz besonders für die Gruppe der Arbeiter:innen und für die Art und Weise, wie in dieser Gruppe kulturelles Leben wahrgenommen wurde. Das hatte seine Wurzeln im britischen Marxismus. Viele Personen innerhalb des Marxismus rechneten mit zwei großen gesellschaftlichen Gruppen, die sich antagonistisch (also etwa „unversöhnlich") gegenüberstanden: Der Gruppe der Besitzenden, den Kapitalist:innen, stand einer Gruppe von Nicht-Besitzenden, die Arbeiter:innen, gegenüber. Dabei stellte sich die Frage, warum diejenigen, die von ihrer Arbeit nicht in dem Maße profitierten wie andere – also die Arbeiter:innen – eigentlich weiter arbeiteten. Viele Marxist:innen waren davon ausgegangen, dass, wenn der Gegensatz zwischen den Besitzenden und den Arbeiter:innen immer größer würde und die Arbeitsbedingungen immer schlechter, es früher oder später zu einer Revolution kommen müsse. Am Ende einer solche Revolution würden sich die Verhältnisse radikal verändern. Nach dem Zweiten Weltkrieg stellte sich die Frage für viele Marxist:innen, warum es eigentlich nie zu einer solchen Revolution gekommen war. Die *Pariser Manuskripte* von Karl Marx halfen den Wissenschaftler:innen der Cultural Studies dabei, darüber nachzudenken, inwiefern Kultur der besitzenden Klasse dabei half, die Arbeiter:innenklasse zu kontrollieren. Weil das die hauptsächliche gesellschaftliche Struktur war, interessierten sich die Autor:innen der Cultural Studies auch größtenteils für die Arbeiter:innenkultur, auch wenn es zudem andere Interessensgebiete gegeben hat.

Louis Althusser

Um all das etwas besser zu verstehen, ist es nützlich, noch einen Blick auf die Entwicklungen in Frankreich zu werfen. Hier wurde in den 1970er Jahren, angefacht von der studentischen 68er-Bewegung, erneut viel über die Rolle von Bildung, der Universität und von Kultur diskutiert. Kritische Ansätze, die sich an Lektüren von

Marx anschlossen, wurden jetzt wieder wichtiger, wie bspw. auch das von Pierre Bourdieu und Jean-Claude Passeron publizierte *Die Reproduktion – Elemente für eine Theorie des Erziehungssystems* (*La reproduction. Éléments pour une théorie du système d'enseignement*, 1970). In Frankreich war in der marxistischen Tradition außerdem der lange Aufsatz „Ideologie und ideologische Staatsapparate" („Idéologie et appareils idéologiques d'État", 1970) von Louis Althusser sehr einflussreich. Für die Kulturwissenschaften ist Althussers Kommentar deshalb sehr wichtig, weil er vor dem Hintergrund einer marxistischen Deutung noch einmal neu die Rolle des sogenannten „Überbaus" in einer Gesellschaft untersucht. Wie auch die englische New Left war er mit einer sehr strikten Auslegung der Beziehung von Überbau und Basis nicht zufrieden: Er wollte untersuchen, in welcher Weise die in einer „sozialen Formation" herrschende Klasse auch den Überbau benötigte, um die Herrschaft über die beherrschte Klasse zu sichern. Deshalb spielte für ihn der im weiteren Sinne kulturelle Bereich eine wichtige Rolle, um Gesellschaft allgemein und besonders gesellschaftliche Machtausübung zu verstehen.

Wofür sich Althusser in seinem Aufsatz interessierte, war, eine Antwort darauf zu finden, wie es wenigen Menschen auch ohne die ständige Ausübung von physischer Gewalt gelang, über viele Menschen zu herrschen. Um das zu erklären, bezog er sich, wie auch Stuart Hall, sehr stark auf die Theorien von Karl Marx.

Zur Wiederholung: Bestimmte Leser:innen von Marx meinten, dass es eine starke Trennung von Basis und Überbau geben müsse. Der „Überbau" war in dieser Lesart etwas, das zwar von dieser „Basis" hervorgebracht wurde, aber keinen Einfluss auf sie hatte. Damit ist der ganze Bereich der Kultur – Philosophie, Sitten etc. – gemeint. Vereinfacht gesagt lässt sich das so erklären, dass Leser:innen von Marx hier beispielsweise davon ausgingen, dass die Herrschaft über viele Arbeiter:innen durch wenige Fabrikbesitzer erst einmal eine ökonomische Angelegenheit war. Der Fabrikbesitzer möchte gerne mit seiner Fabrik Geld verdienen und die Arbeiter:innen haben nichts anzubieten als ihre Arbeitskraft. So ließe sich sagen, dass sich das Verhältnis von Arbeiter:innen und Inhaber:innen von Produktionsmitteln – hier der Fabrikbesitzer – vollständig mit diesen ökonomischen Interessen beschreiben lässt. Es ist in der Tat auffällig, dass sich um diese ökonomischen Interessen recht fixe gesellschaftliche Gruppen bildeten und bilden. Sie werden von Marx „Klassen“ genannt. Die Besitzer:innen von Produktionsmitteln treffen sich mit anderen Besitzer:innen von Produktionsmitteln, Arbeiter:innen bleiben unter sich. Was sie dann tun, also die Art zu reden etc., wurde von Leser:innen von Marx als sekundär gegenüber ihrer ökonomischen Basis betrachtet. Wenn wir einen Blick auf die Fabrikarbeit des 19. Jahrhunderts werfen, ist das nur allzu verständlich. Die elenden Bedingungen, unter denen Arbeiter:innen vor allem im Bergbau, aber auch in der Textilindustrie, sich schinden mussten, lässt das naheliegend erscheinen. In späteren Gesellschaften war der Ausdruck der Klassenunterschiede nicht mehr so einfach sichtbar wie in den Industriegesellschaften des 19. Jahrhunderts. Nicht zuletzt mit dem Aufkommen von immer mehr Mitteln zur Verbreitung kultureller Produkte wie Radio und Fernsehen rückte dieser Bereich immer mehr ins Zentrum der Aufmerksamkeit. Andere Leser:innen von Marx begannen zunehmend, die Frage zu stellen, ob nicht auch dieser immer größer werdende Bereich dazu genutzt würde, um Macht aufrechtzuerhalten: Das bedeutete auch, die Unterschiede zwischen gesellschaftlichen Klassen zu markieren und aufrechtzuerhalten. Einer unter den einflussreicheren Leser:innen von Marx war dabei Althusser.

Althusser stellte die Frage, welche Rolle „ideologische Staatsapparate“ für die Aufrechterhaltung der Macht der herrschenden Klasse – zu seiner Zeit also der Bourgeoisie – hätten. Ideologische Staatsapparate waren für ihn alle Mittel, die dazu dienten, eine bestimmte Vorstellung von Kultur zu verbreiten, also Schule, Zeitungen, Radio und so weiter. Die herrschende Klasse hatte nach Althusser ein Interesse daran, die Bedingungen für die eigene Herrschaft aufrechtzuerhalten. Das erscheint umso einfacher, je freiwilliger sich die Arbeiternehmer:innen dieser Ordnung fügen. Durch die ideologischen Staatsapparate sollte so nach Althusser erreicht werden, dass die Arbeitnehmer:innen nicht nur in ihrer rein physischen Befähigung zur Arbeit erhalten würden (also Essen, Kleidung, Miete etc.). Sie sollten auch immer wieder akzeptieren, dass die etablierte Ordnung eine gute Ordnung ist („Reproduktion ihrer Unterwerfung unter die Regeln der etablierten Ordnung“). Althusser selber drückt das so aus:

> „Die Reproduktion der Arbeitskraft erfordert nicht nur eine Reproduktion ihrer Befähigung, sondern zugleich eine Reproduktion ihrer Unter-

> werfung unter die Regeln der etablierten Ordnung, das heißt eine Reproduktion unter die herrschende Ideologie für die Arbeiter und eine Reproduktion der Fähigkeit, mit der herrschenden Ideologie gut umzugehen für die Agenten der Ausbeutung und der Repression, damit sie ‚durch das Wort' die Herrschaft der herrschenden Klasse absichern."[63]

Durch diese ideologischen Staatsapparate und die in ihnen institutionalisierten Rituale gelingt es der herrschenden Klasse, ein erwünschtes Verhalten sowohl der herrschenden als auch der beherrschten Klasse zu schaffen. Der Staat könnte dieses erwünschte Verhalten nicht durch reine Zwangsmaßnahmen erhalten, ohne sehr viele Ressourcen zu verschwenden. Er hat ein Interesse daran, in den Bürger:innen den Willen zu erzeugen, in seinem Sinn zu wirken. Althusser hat damit das Feld der Reflexion über die Rolle von im weitesten Sinne „kulturellen" Institutionen wie der Schule, der Zeitungen, des Sports, der Kirchen etc. noch einmal auf eine neue Weise in die Diskussion gebracht. Staaten hätten ihm zufolge dabei zwei unterschiedliche Weisen, ihre Macht auszuüben: über den repressiven Staatsapparat (Polizei, Militär usw.) und über die (im Plural) ideologischen Staatsapparate. Während die Ersteren primär über die direkte Gewalt herrschten und nur sekundär durch Ideologie, herrschten die ideologischen Staatsapparate primär durch Ideologie und nur sekundär durch Gewalt. Dies war deshalb nötig, weil Staaten nach Althusser ein Interesse daran hätten, ihre ökonomische Basis zu reproduzieren, d. h. sowohl die Produktionsmittel (Fabriken etc.) als auch die Arbeitskraft. Der „Staat" umfasst hierbei für Althusser mehr als nur die im engeren Sinn staatlichen Aufgaben, sondern die Gesamtheit der Funktionen, die innerhalb eines Staates die Macht der herrschenden Klasse sichern. Hierzu gehören für ihn auch private Einrichtungen wie Zeitungen und Kirchen, da diese als ideologische Staatsapparate eben dazu dienten. Der Kampf um die Hegemonie (in etwa: Vorherrschaft) über diesen „kulturellen" Sektor war in seinen Augen eine Voraussetzung auch für die Herrschaft über die Produktionsmittel: „Nach unserer Kenntnis kann keine Klasse die Staatsmacht

63 Louis Althusser, „Idéologie et appareils idéologiques d'État", in *Positions (1964-1975)* (Paris: Éditions sociales, 1976), 72–73. Übersetzung L. S.

dauerhaft erhalten, ohne zugleich ihre Hegemonie über und in den ideologischen Staatsapparaten auszuüben."[64]

Für Autor:innen wie Althusser, Hall oder die Autor:innen der Frankfurter Schule ist die Frage nach der Kultur niemals ohne die Frage nach Macht und Herrschaft zu stellen. Sie haben ein tiefes Interesse an der Frage, wie in gegebenen Staaten oder Gesellschaften Macht, Chancen, Geld, insgesamt Ressourcen, verteilt werden. Der Zugang zur offiziellen Kultur, wie sie in öffentlich finanzierten Institutionen wie Schulen, Universitäten, Museen usw. geschaffen wird, ist in ihren Augen ein Faktor, wie solche gesellschaftliche Macht organisiert wird. Im nächsten Kapitel möchte ich noch einen weiteren Autor vorstellen, der eine ganz ähnliche Perspektive auf Kultur eingenommen hat.

Kultur und gesellschaftliche Macht – Pierre Bourdieu

Eine wirklich einflussreiche Sicht auf die Kultur hat uns der französische Soziologe Pierre Bourdieu eröffnet. Er hat über etwas soziologisch geforscht, das wir vielleicht als das privateste und freieste begreifen könnten: den Geschmack. In seinen soziologischen Forschungen hat er Angehörige verschiedener gesellschaftlicher Schichten befragt. Er hat dabei herausgefunden, dass wir recht genau vorhersagen können, welcher Schicht jemand zugehört, wenn wir seinen Geschmack kennen. Warum ist das so?

Bourdieu meint in seinem Buch *La distinction*, auf deutsch *Die feinen Unterschiede*, dass der Geschmack, inklusive Vorlieben für bestimmte kulturelle Erzeugnisse (klassische Musik, Sterneküche, Tennis, Golf etc.), die Funktion hat, Abgrenzungen zwischen verschiedenen gesellschaftlichen Gruppen herzustellen. Er zeigte beispielsweise eine Fotografie, auf der ein Stein abgebildet war, in einer Fabrik. Die Fotografie sollte aus einem künstlerischen Kontext kommen, was aber die Arbeiter:innen nicht wussten. Die Arbeiter:innen konnte mit dem Bild nichts anfangen. Sie meinten, es *nütze* nichts. Dagegen war den Angehörigen der Bildungsschichten natürlich klar, dass es bei dieser künstlerischen Fotografie eben genau nicht darum gehen soll, dass sie „etwas nützt".

64 Althusser, „Idéologie et appareils idéologiques d'État", 24. Übersetzung L. S.

Der Wert der Kunst bestimmt sich ja genau daraus, dass ihre Gegenstände nicht unbedingt etwas nützen müssen. In den Bildungsschichten wurde das Foto dann auch positiv und als Kunst aufgenommen. Die Arbeiter:innen legten einen anderen Wert an. Für die Oberschicht war es wichtig, den Wert der Abstraktion in der Fotografie zu unterstreichen. Sie wollen damit zeigen, dass sie verstanden haben, dass Kunst nicht immer etwas Konkretes erreichen muss. Die Mitglieder der Oberschicht können sich sicher auf Ausstellungseröffnungen bewegen und haben durch ihre formale Bildung, die Erziehung in der Familie und durch ihr soziales Umfeld gelernt, wie das geht: Kunst anschauen. Die Arbeiter:innen haben es nicht gelernt.

Nun könnten wir sagen: Ja gut, aber so ist es eben. Die einen mögen das, die anderen mögen das – wo ist das Problem? Der eine isst ein Schnitzel, der andere isst Austern.

Ihr könnt das von mir aus auch in eurem privaten Leben sagen, aber nicht in den Kulturwissenschaften! In den Kulturwissenschaften wollen wir ja unter anderem gerade verstehen, warum es so ist, dass sich durch die kulturellen Vorlieben eines Menschen so sicher sagen lässt, welcher gesellschaftlichen Schicht er angehört. Das ist nicht nur aus wissenschaftlicher Sicht wichtig. Es ist auch wichtig, weil mit diesen Zugehörigkeiten unterschiedliche Chancen auf gesellschaftlichen Einfluss zusammenhängen.

Wenn wir deshalb über die Untersuchung von Kultur nachdenken, dann ist es wirklich unerlässlich, zu berücksichtigen, welche Chancen auf gesellschaftliche Beteiligung bestimmte kulturelle Konstellationen eröffnen. Und hier haben westliche Staaten seit der Moderne, also ungefähr seit der Zeit der Französischen Revolution sehr viel Energie investiert, um so etwas zu schaffen wie nationale Kulturen. Die Kultur- und Bildungspolitik war in der Französischen Revolution von 1789 eine der großen Unternehmungen. Durch sie wollten die Menschen damals erreichen, dass alle Menschen dieselbe Bildung erhielten. Sie gingen ganz ausdrücklich davon aus, dass diese Bildung „universal“ sei. Alle Menschen sollten an dieser universalen Bildung teilhaben. Ganz gleichgültig, wie ihr euch zu dieser Annahme stellt: Die soziale Funktion eines solchen Programms ist auch klar. Wenn einmal Staaten etwas festgelegt haben, das als die „wahre“, „universale“ Bildung gilt, dann haben all diejenigen einen Vorteil, die mehr davon haben. Wenn Menschen akzeptiert haben, dass der Besitz einer solchen Schulbildung zum gesellschaftlichen Aufstieg dazugehört – dass man beispielsweise keine Jobs bekommt, wenn man sie nicht hat, dass man nicht in die hohe Gesellschaft kommt, wenn man sie nicht hat und so weiter –, dann sind diejenigen, die bestimmen, was die Schulbildung eigentlich ist, in einer ganz außergewöhnlichen Machtposition. So ist in den westlichen Nationalstaaten etwas entstanden, das Bourdieu die „legitime Kultur" nennt, also eine Vorstellung davon, was „gute" Kunst, „gute" Literatur, „gutes" Wissen und „gute" Sprache sei. Diese legitime Kultur bildet dann die Norm, gegen die andere kulturelle Formen gemessen werden. Das hat sehr häufig gar nichts damit zu tun, dass die offizielle Kultur in irgendeinem Sinne wirklich „besser" wäre, also dass man damit etwa einen Zweck leichter erreichen könnte.

Dass Bourdieu hier wirklich einen Punkt getroffen hat, sieht man daran, dass es einen großen Unterschied zwischen der *Kenntnis* dieser legitimen Kultur gibt und deren *Anerkenntnis*. Viele Menschen in Deutschland werden vielleicht die Ansicht haben, die Bücher von Goethe gehörten zur legitimen Kultur. Nur wenige Menschen haben sie wirklich gelesen. Dennoch messen diejenigen, die Goethe nicht gelesen haben, die anderen Bücher an einer solchen unsichtbaren Norm. Sie wissen aber, dass es woanders Leute gibt, die sich mit Goethe auskennen und erkennen diese Kompetenz an, über das Feld der Literatur zu wachen. Sie messen auch ihre eigene Kultur an dieser offiziellen Kultur.

Wenn wir über Kultur sprechen, dann müssen wir also – wie auch bei Althusser – danach fragen, welche Funktion die Kultur im jeweiligen Einzelfall ausübt. Vielleicht ist das Beispiel mit Goethe etwas überholt und Bücher von Goethe spielen heute nicht mehr eine so wahnsinnig große Rolle. Dann wird es andere Normen geben, an denen die Menschen Kultur messen und es wird weiterhin Expert:innen geben, von denen Menschen glauben, sie könnten kompetent darüber urteilen, was legitime Kultur sei. Dies gilt ganz sicher nicht nur für das, was Bourdieu die „offizielle" oder „legitime" Kultur nennt, sondern für alle möglichen Bereiche. Auch im Hip Hop gibt es strenge Regeln, was als guter und was als schlechter Hip Hop gilt, es gibt Richter:innen, die darüber wachen und es gibt bestimmte materielle Voraussetzungen.

Der Besitz von Kultur bedeutet also, dass man in bestimmten Kontexten Vorteile hat und manchmal, dass man überhaupt nicht angemessen am Spiel teilnehmen kann, wenn man keine Kultur besitzt. Um das alles zu erklären, hat Bourdieu in verschiedenen Büchern ein bestimmtes Vokabular entwickelt. Ich gebe hier einen wirklich knappen Überblick, einmal, weil es nicht schlecht ist, wenn ihr es kennt, denn ihr werdet vielleicht irgendwann einmal darauf stoßen. Andererseits glaube ich aber auch, dass es wirklich nicht unnütz ist, diese Worte zu kennen, denn sie schärfen tatsächlich unseren Blick für soziale Konstellationen und für die Rolle der Kultur in ihnen. Zumindest für mich hat Bourdieu ganz nachhaltig meine Sicht auf soziale Situationen verändert und geschärft.

Das Feld: Einer der Grundbegriffe, die Bourdieu einführt, ist das „Feld". Der soziale Raum setzt sich in seinen Augen aus verschiedenen Feldern zusammen, die unterschiedliche Positionen haben. Die Felder wiederum setzen sich aus den Positionen zusammen, die Akteur:innen einnehmen, und den Beziehungen (= Relationen) zwischen diesen Positionen. Was ist ein Feld? Ein Feld ist etwa das Feld der Kunst oder der Politik. Bourdieu selbst meinte, dass man solche Felder gut mit Spielen vergleichen kann.

Stellt euch einmal verschiedene Spiele vor, etwa das Schachspiel. Schach ist ein Spiel mit verschiedenen Regeln, die Gesamtheit der Regeln, der Spieler, des Schachbretts und der Schachfiguren heißen: das Schachspiel. Ihr seht auch, dass die ausdrücklich formulierten Regeln nur einen bestimmten Teil des Spiels ausmachen. Sie bestimmen einen Teil dessen, was die Spieler mit den einzelnen Figuren tun können und wann sie es tun können. Die Schachregeln, also die gedruckten und in Regelwerken niedergelegten Regeln, bestimmen beispielsweise nicht, auf welche Weise die Spieler:innen die Schachfiguren in Händen halten müssen. Sie bestimmen jedoch, wann das Spiel zu Ende ist und wer dann gewonnen hat. Die Regeln bestimmen aber nicht die einzelnen Züge, die die Spieler machen müssen, sondern eben nur, welche Züge sie überhaupt machen können. Beim Schachspiel sind die Regeln recht starr und die Spieler haben kaum Einfluss auf sie; bei anderen Spielen ist das anders. Auch hier ist jedoch klar: Was „Regeln" heißt, ist sehr vielfältig. Ein Teil der Regeln ist in Regelwerken niedergelegt.

In vieler Hinsicht ist es hilfreich, auch Felder als Spiele mit Regeln und materiellen Bedingungen zu verstehen. Bourdieu selber hat diesen Vergleich hergestellt. Der Vergleich ist dabei nicht mehr als eine Krücke und wir sollten ihn nicht überdehnen. Er illustriert, dass das Folgen von Regeln eine soziale Konvention ist, der Menschen aus unterschiedlichsten Gründen folgen.

Der Vergleich mit dem Spiel hilft uns beispielsweise dabei, zu verstehen: Wer an einem Spiel teilnehmen möchte, muss natürlich zunächst einmal dieses Spiel spielen können. „Können" kann hier je nach Spiel ganz Unterschiedliches bedeuten. Die Person sollte natürlich die Regeln beherrschen. Doch auch das ist nicht unbedingt immer so. Wer genug Geld hat (= materielles Kapital), der wird sicher bei den meisten Pokerrunden herzlich willkommen sein, gerade dann, wenn er die Regeln nicht so sicher beherrscht. Wer genügend Mitspieler:innen kennt und vielleicht mit ihnen befreundet ist (= soziales Kapital) wird vielleicht auch dann in die Pokerrunde aufgenommen, wenn er weder Geld hat noch die Spielregeln beherrscht. Die Mitspieler:innen sind aus wegen der sozialen Verbundenheit bereit, der Person die Regeln beizubringen und vielleicht sogar mit Geld auszuhelfen.

Wenn jedoch der Eintritt in ein soziales Feld erst einmal gelungen ist, können die Teilnehmer:innen ihre vorhanden Mittel einsetzen, um sie zu vermehren. Bourdieu nennt diese Mittel ihr „**Kapital**". Damit kann materielles Kapital (Geld, sonstiger Besitz) gemeint sein, aber auch andere Dinge wie soziales Kapital (wen kenne ich?) oder kulturelles Kapital. Wie an dem Pokerbeispiel deutlich geworden ist, können bestimmte Kapitalsorten unter bestimmten Bedingungen gegeneinander ausgetauscht werden. Habe ich viel **kulturelles Kapital** (bspw. in Form eines Doktortitels als institutionalisiertes kulturelles Kapital), in Form meiner persönlichen Fähigkeiten (inkorporiertes kulturelles Kapital) oder in Form meiner publizierten Texte (objektiviertes kulturelles Kapital), dann kann ich das irgendwann gegen eine Stelle an der Universität oder einer Kulturinstitution eintauschen, wenn ich Glück habe. Wir sehen auch, dass sich der Wert des Kapitals durch Konjunkturen verändern kann. Während Doktortitel beispielsweise Anfang und Mitte des 20. Jahrhunderts noch sehr selten waren und einen sehr hohen kulturellen Wert hatten, sank dieser Wert mit der zunehmenden Häufigkeit der Titel.

Wer einmal Teil eines solchen Feldes ist und sich darin erfolgreich bewegt, der wird wissen, wie die einzelnen Kapitalsorten gewertet werden und wie sie in konkreten Situationen einzusetzen sind. Wie auch im Schach oder im Tischtennis bestimmen die Regeln des Spiels zwar, dass die Spieler:innen sehr viele Dinge nicht tun können, aber im Rahmen der Regeln bestimmen sie nicht die konkreten Züge, die die Spieler:innen machen können. Bourdieu spricht deshalb von der *relativen Autonomie* der Spieler:innen.

In einem Spiel mitzuspielen hat also ganz verschiedene Dimensionen und die Eingangsvoraussetzungen für die einzelnen Spiele sind unterschiedlich. Wir müssen dabei nicht denken, dass die Gesellschaft aus nur einem einzigen Feld besteht, vielmehr gibt es viele Felder, aus denen sich der soziale Raum zusammensetzt. Diese Felder haben unterschiedliche Regeln, die verschieden fest sind. Auch die Art und Weise, wie sich die in einem Feld festgelegten Regeln zu anderen Feldern verhalten ist unterschiedlich. Es gibt Regeln, die nur für ein einziges Feld gelten. Aber es gibt auch Regeln, die in bestimmten Feldern festgelegt werden und die dann auch in anderen Feldern gelten. Hierfür ist die Frage der *Macht* entscheidend.

Auch Bourdieu dachte über Kultur als ein Mittel nach, um eine gesellschaftliche Ordnung herzustellen, wollte allerdings nicht von „Apparaten" ausgehen, wie Althusser. Er dachte sich das Feld der Kultur als ein Feld, das in einem starken Maß festlegte, welche Verhaltensregeln und auch welche sprachlichen Regeln für alle Mitglieder einer Gesellschaft gelten. Bourdieu meinte, dass die Kleinbürger:innen sich dieser Norm aus ihrem Bildungsstreben am meisten – und vielleicht nicht am besten – anzupassen versuchten, weil sie mit dieser Anpassung soziale Aufstiegshoffnungen verbanden. Er hat dies in seiner Sprachsoziologie untersucht. Bei Menschen, die gesellschaftlich aufsteigen möchten, kommt es oft zu überambitionierten Anpassungen, wie etwa dem besonderen Bemühen, wirklich richtig sprechen zu wollen. Für Bourdieu waren das eben besonders die Kleinbürger:innen. Sie möchten damit ihre Fähigkeit nach außen hin ausdrücken, korrekt zu sprechen und schießen oft über das Ziel hinaus. Damit erreichen sie am Ende das Gegenteil. Umgekehrt sieht man bei Besitzer:innen von hohem kulturellen Kapital oft, dass sie bestimmte Regeln bewusst verletzen, wie etwa bei Wissenschaftler:innen von Eliteinstitutionen, dass sie bewusst legere Kleidung tragen. Das tragen dieser legeren Kleidung unterstreicht noch einmal ihr kulturelles Kapital, da sie so markieren können, dass sie nicht auf so bornierte und inhaltsleere Eigenschaften achten wie Kleidung.

Dass bestimmte Personen das kulturelle Feld besonders gut bespielen können, liegt nun nach Bourdieu nicht daran, dass sie besonders genial wären. Sie werden vielmehr mit einem besonders hohen kulturellen Kapital schon durch ihre Familie ausgestattet und können sich so im kulturellen Feld durchsetzen. Sie kennen deshalb auch bestimmte Regeln, die in keinem Regelbuch zu finden sind und die sich wirklich gut nur durch eine lange Bekanntschaft mit ihnen lernen lassen: Wie spricht man eine Professorin an der Universität an? Wie viel Kritik darf man sich erlauben? Wie verhält man sich auf einer Ausstellungseröffnung? Wie viel Wein darf man maximal, wie viel sollte man mindestens trinken? Wann macht meine Gesprächspartnerin mir gerade mit subtilen Zeichen deutlich, es sei Zeit, zu gehen? Wohin setze ich mich, wenn ich mit meiner Partnerin zum Abendessen eingeladen bin (Bourdieu hat hier etwa herausgefunden, dass Paare der Oberschicht sich bei Essenseinladungen lieber getrennt setzen)?

Man erkennt vielleicht, aus wie vielen Regeln das Feld der Kultur im Allgemeinen besteht und wie schwierig es wäre, sie alle aufzuzählen. Nichtsdestoweniger sollten wir gerade deshalb bei einer Irritation, die mit einer Regelverletzung zusammenhängt, immer fragen, ob sie möglicherweise darauf zurückzuführen ist, dass der/die Regelverletzer:in sie einfach nicht kannte. In meiner Arbeit als akademischer Lehrer bin ich auf solche Regelverletzungen besonders im Austausch von E-Mails gestoßen, in denen Personen, die mit dem Stil eines solchen Austauschs an der Universität nicht vertraut sind, oft den falschen Ton wählen, d. h. eine Ausdrucksweise, die nicht zum Stil des akademischen Feldes passt. Jemand, der solche stillen Regeln verletzt, wird häufig nicht eigens darauf hingewiesen, dass sie oder er gerade eine Regel verletzt hat. Vielleicht macht das Verhalten einen schlechten Eindruck, auf jeden Fall lässt sich die soziokulturelle Position der Person im Feld der Universität abschätzen. Sehr häufig sind es genau solche stillen, impliziten Regeln, die für Akteur:innen des sozialen Feldes dazu dienen, Menschen zu kategorisieren und zu verstehen, an welcher Stelle des Feldes sie stehen.

Bourdieu ging ganz bewusst und ausdrücklich davon aus, dass Regeln natürlich veränderbar sind und sich auch in der Tat verändern. Aber die Arten und Weisen, wie Regeln in diesen unterschiedlichen Spielen/Feldern verändert werden, unterscheiden sich stark. Wenn es um die Veränderung von Regeln geht, dann geht es auch um Macht. Wer Regel festlegen kann, hat ja ganz offensichtlich die Macht, das zu tun.

Und wer die Regeln der offiziellen und legitimen Kultur festlegen kann, der kann auch festlegen, was das Gut ist, nach dem die Menschen streben sollten. Er hat die ethische und ästhetische Kompetenz, Maßstäbe für das Gute und das Schöne festzulegen. Diese Macht ist natürlich umkämpft, weshalb es nach Bourdieu innerhalb und zwischen sozialen Feldern immer Kämpfe um Kapital gibt.

Kultur – Zusammenfassung

Ich habe hier nur wenige Beispiele behandelt, welche Perspektiven in den Kulturwissenschaften auf Kultur eingenommen wurden. Die Wahl, welche Perspektive für eure Fragen am besten geeignet ist, ist euch überlassen. In meiner eigenen Forschung kam ich zu der Überzeugung, dass, wenn wir den Faktor Macht außer Acht lassen, wir viele Aspekte an Kultur nicht verstehen können, wie etwa die derzeit breit geführte Debatte über Kulturgüter, die europäische Staaten und Imperien während des Kolonialismus gestohlen oder sich unter unlauteren Bedingungen angeeignet haben.

Welchen Ansatz ihr für eure jeweilige Frage jedoch schließlich wählt, wird euch überlassen sein. Ihr gehört ja selber zum Feld der Kultur und seid damit daran beteiligt, die Regeln, die darin gelten, zu bestimmen. Auch wenn ihr vielleicht am Anfang noch nicht viel Macht habt, irgendwann habt ihr sie vielleicht. Und dann sollte klar sein, dass eure einzelnen Handlungen etwas bedeuten, auch wenn sie darin bestehen, etwas *nicht* zu tun, beispielsweise nicht darauf zu achten, ob ihr benachteiligte Positionen in Forschung und Lehre mitberücksichtigt. Auch Bourdieu war sich beispielsweise darüber im Klaren, dass seine Überlegungen zur Kultur natürlich wieder selber *Teil* der Kultur waren – wir können also aus diesem Spiel niemals aussteigen.

Wie kann ich in Seminaren präsentieren und kommunizieren?

Auch wenn es nicht als erstes im Buch steht, ist das Thema dieses Kapitels sicher nicht unwichtiger als die anderen. Ganz wesentliche Teile eures Studiums werden mündlich ablaufen. Im deutschen Universitätssystem spielen einerseits Vorlesungen, bei denen ihr eher zuhören werdet, und andererseits Seminare die tragenden Rollen. In Seminaren wird von euch sehr wahrscheinlich erwartet, dass ihr Referate über Seminarthemen halten und euch an den Diskussionen des Seminars mündlich beteiligen sollt. Letzteres möchte ich euch gerne sehr empfehlen. Nicht nur werden manche Seminare dann spannender für euch, ihr könnt auch das Wissen leichter aufnehmen und, aus Dozierendensicht: Auch eure Lehrkräfte werden es euch danken. Es ist Teil der Überzeugung an Universitäten, dass durch eine kritische Diskussion über Themen, an der sowohl Studierende als auch Lehrende teilnehmen, Erkenntnisfortschritte erzielt werden. Man könnte diese Überzeugung selber wieder kritisch hinterfragen, jedenfalls solltet ihr euch grundsätzlich dazu ermuntert fühlen, mit euren Überzeugungen und eurer Kritik an einer Diskussion teilzunehmen, in der die Gesprächspartner:innen respektiert werden. Es spricht also eigentlich nichts dagegen, sich in Seminaren mündlich zu beteiligen, außer vielleicht die Unsicherheit, sich in einer größeren Gruppe zu äußern.

Über diese Furcht muss man tatsächlich sprechen, denn sie hindert euch daran, euch so verhalten zu können, wie ihr das vielleicht gerne wollt. Natürlich kann es auch sein, dass ihr einfach eher still seid, dann ist das ebenfalls in Ordnung. Es kann aber sein, dass ihr eigentlich gerne etwas beitragen möchtet, euch aber nicht traut. Wenn ihr feststellt, dass die Hemmung, euch in der Gruppe zu äußern, darauf zurückzuführen ist, dass ihr glaubt, euch nicht mit den anderen, fortgeschritteneren Studierenden messen zu können oder den Ansprüchen der Dozierenden nicht gerecht werden zu können, dann läuft auf jeden Fall etwas falsch. Dass etwas falsch läuft, hat dabei nicht nur mit euch zu tun. Viele teilen diese Furcht und auch ich habe eine längere Zeit gebraucht, um den Mut zu fassen, das Risiko einzugehen, dass man möglicherweise etwas Falsches sagt. Im akademischen Kontext zu sprechen, erfordert in jedem Fall etwas Überwindung. Es ist ganz normal, dass ihr euch zunächst vielleicht eher kurz äußern werdet und euch vorerst daran gewöhnen müsst, wie es sich anfühlt, in diesem Umfeld zu sprechen. Mir hat es geholfen, zunächst einmal Rückfragen zu stellen und noch nicht mit eigenen inhaltlichen Kommentaren aufzuwarten. Durch die Gewöhnung konnte ich mich dann später auch thematisch mehr beteiligen.

Vorträge und Referate in Seminaren

In meiner Studienzeit war es nicht unüblich, Referate auszuformulieren und vom ausformulierten Manuskript aus vorzutragen. Das kommt aus der Mode und es bürgert sich immer mehr ein, Vorträge frei zu halten, auf der Basis von Stichworten oder Präsentationen. Auch ich habe das für mich übernommen und versuche jetzt, die meisten Vorträge frei zu halten. Ich habe festgestellt, dass es den anderen dann leichter fällt, mir zu folgen. Allerdings gibt es auch Situationen, in denen für mich die genaue Wortwahl wichtig ist und dass die Zeit des Vortrags ganz genau eingehalten wird. In diesen Fällen formuliere ich meine Vorträge dann immer noch aus und trage sie ausgehend von diesem Manuskript vor.

Wie immer ihr euch auch zu dieser Frage stellen möchtet, es ist in beiden Fällen, ausformulierten und freien Vorträgen, sehr wichtig, sich vor Augen zu führen, dass ihr euch an ein Publikum wendet. Meistens besteht dieses Publikum aus euren Mistudierenden. Ihr solltet deshalb euren Vortrag oder euer Referat so gestalten, dass ihr diesem Publikum die Chance gebt, euch mit Interesse zu folgen. Wie auch beim Schreiben kann es hilfreich sein, wenn ihr euch eine konkrete Person vorstellt, der ihr euren Vortrag haltet. Versucht diese Person für euer Thema zu interessieren.

Denkt daran, dass eure Zuhörer:innen sich noch nicht mit eurem Thema auskennen. Informationen, die für euch selbstverständlich sind, sind für sie neu. Anders als beim Lesen, wo man einen Satz zweimal lesen kann, kann euer Publikum einen Satz nicht noch einmal wiederholen, wenn er wichtig war. Wichtige Dinge solltet ihr deshalb nicht nur einmal sagen, sondern mehrfach. Eine wichtige Regel für Vorträge ist deshalb: Achtet ganz bewusst darauf, Wiederholungen einzubauen!

Erinnert euer Publikum auch von Zeit zu Zeit daran, an welcher Stelle des Vortrags ihr euch befindet. Die gute Gliederung, die ihr hoffentlich entworfen habt, gerät vielleicht bei Detailfragen aus dem Blick und ihr müsst hin und wieder noch einmal darauf hinweisen, an welcher Stelle des Vortrags ihr euch befindet. Sagt eurem Publikum, zu welchem Zweck ihr den Vortrag/das Referat haltet. Wollt ihr vielleicht einfach noch einmal grob den Inhalt eines Textes wiedergeben? Wollt ihr eine eigene These vortragen? Wollt ihr einen historischen Hintergrund vergegenwärtigen? Wenn euer Publikum weiß, was ihr mit einem Vortrag eigentlich wollt, dann kann es euch auch viel besser folgen.

Welches Ziel ihr mit eurem Vortrag verfolgt, ist im Einzelfall verschieden, eines ist jedoch vermutlich immer zutreffend: Ihr werdet eurem Publikum etwas Bestimmtes vermitteln wollen. Nehmt euch die Zeit, darüber nachzudenken, was das ist. Wollt ihr vielleicht, dass euer Publikum am Ende über den historischen Hintergrund von Bourdieus Texten Bescheid weiß? Habt ihr das Ziel, zu vermitteln, dass ihr euch mit dem Thema besonders gut auskennt? Wollt ihr eine These in Bezug auf euer Thema diskutieren, möglicherweise etwas Kontroverses? Macht euch klar, was ihr erreichen wollt, und denkt dann darüber nach, welche Schritte ihr unternehmen müsst, um das zu erreichen. Euer Publikum wird euch nicht gut folgen können, wenn ihr gar nichts erreichen wollt und lediglich eine Leistung im Seminar erbringt. Selbst wenn das der Fall sein sollte (auch ich konnte mich beileibe nicht für jedes Referatsthema begeistern), hilft es eurem Publikum, wenn ihr euch dennoch vorstellt, was an dem Thema interessant sein könnte oder was davon mitteilenswert wäre.

Ein Vortrag oder ein Referat ist ähnlich gegliedert wie eine Hausarbeit: Auch hier gibt es eine Einleitung, in der ihr sagt, was ihr tun möchtet, einen Hauptteil und einen Schluss, in dem ihr noch einmal die zentralen Punkte zusammenfasst. Ihr könnt genau wie in einer Hausarbeit auch einen Ausblick einplanen, in dem offene Fragen genannt werden oder in dem ihr eine Frage an das Publikum richtet, wenn das hilfreich ist. Wie auch bei einer Hausarbeit kann es in manchen Fällen sinnvoll sein, wenn ihr eurem Publikum berichtet, was für Quellen/Material ihr verwendet habt. Wenn ihr einfach nur den Inhalt eines bestimmten Textes wiedergebt, erübrigt sich das natürlich. Wenn ihr aber Kontextwissen bereitstellen möchtet, eine These vortragt oder auch eine Forschungsdiskussion kritisch reflektiert, dann hilft es immer, wenn ihr mitteilt, auf welchem Weg ihr an eure Informationen gekommen seid.

Präsentationen: Wenn ihr eine Präsentation erarbeitet – gleichgültig mit welchem Computerprogramm – dann achtet auch hier darauf, dass sie so gestaltet sind, dass eurer Publikum euch folgen kann. Zu volle Folien führen dazu, dass die Aufmerksamkeit vom Vortrag abgelenkt wird. Zu viele Schriftypen wirken verwirrend, genauso wie zu viele Zusatzinformationen.

Die Zeit: Wenn für den Vortrag oder das Referat eine bestimmte Zeit eingeplant ist – was fast immer so ist –, dann gebt euch Mühe, diese Zeit nicht zu überschreiten. Euer Publikum hört euch mit der Erwartung zu, dass eurer Beitrag eine bestimmte Länge hat und wird ungeduldig, wenn ihr diese Zeit überschreitet. Selbst, wenn ihr dann noch ganz hervorragende und kluge Dinge sagt, werden diese nicht mehr so gut ankommen. Die Tendenz in meinen Seminaren war, dass Studierende meistens unterschätzt haben, wie viel Wissen sie schon angesammelt hatten und deshalb die Zeit für Referate eher überdehnt haben, als dass sie zu früh nichts mehr zu sagen gehabt hätten. Gerade am Anfang ist es deshalb wichtig, die Referate vorher einmal durchzusprechen, um abschätzen zu können, wie viel Zeit ihr einplanen müsst. Wenn ihr dann feststellt, dass ihr zu viel Zeit braucht, dann ist es am besten, wenn ihr thematische Blöcke herauslasst. Es ist sehr schwierig, einen Vortrag grundlegend dadurch zu kürzen, dass einzelne Sätze oder Details weggelassen werden. Viel leichter wird es dann sein, wenn ihr ein Thema rauslasst, das eigentlich entbehrlich ist. Häufig wird beispielsweise der biographische Hintergrund der Autorin eines Textes berichtet, auch wenn er überhaupt nicht hilft, den Text besser zu verstehen (manchmal ist er natürlich doch interessant). In anderen Fällen müsst ihr euch vielleicht auch für schmerzliche Kürzungen entscheiden. Je mehr man sich mit Themen befasst, desto mehr wird auch klar, dass sich in 15 oder 20 Minuten nur sehr wenig sagen lässt und dass es ganz und gar unmöglich ist, alles mitzuteilen, was ihr an dem Thema wichtig findet. Das ist meistens auch nicht die Aufgabe eines Vortrags.

Angenommen, ihr steht nun wirklich vor eurem Publikum, dann macht euch klar, wann ihr gerne jemandem zuhört. Geht davon aus, dass ihr mit dem Publikum kooperiert. Für die meisten ist es nicht hilfreich, sich vorzustellen, gegen das Publikum zu arbeiten und es ist immer schöner, wenn eine vortragende Person sich an das Publikum wendet. Als zuhörende Person fühlt man sich dann mehr angesprochen und involviert, die Bereitschaft steigt, dem Vortrag aufmerksam zu folgen.

Nehmt euch Zeit beim Vortragen! Meistens ist es so, dass Vortragende zu schnell sprechen, einmal aus Nervosität, dann aber auch, weil der Inhalt für sie ja jetzt schon bekannt ist und möglicherweise dadurch ein wenig langweilig. Führt euch vor Augen, dass das eure Zeit ist und nehmt sie euch auch! Lasst euch nicht irritieren, wenn es plötzlich still ist im Raum, sobald ihr nichts mehr sagt! Es ist überhaupt nicht schlimm, sondern eher gut, wenn ihr Pausen macht. Ihr müsst diese Pausen nicht durch Füllwörter stopfen wie „äh" oder „sozusagen", sondern könnt euch die Zeit nehmen, kurz einfach nichts zu sagen. Das gibt eurem Publikum Zeit, das Vorgetragene zu verarbeiten und sich auf die nächsten Inhalte einzustellen und macht es viel leichter, euch zu folgen.

Warum ist es manchmal schwierig, im akademischen Umfeld zu sprechen?

Es ist überhaupt nicht ungewöhnlich, sondern vielmehr wenig überraschend, wenn euch das akademische Umfeld einschüchtert. Eure Scheu, falls ihr sie empfindet, ist nicht nur eure persönliche Angelegenheit. Auch dies können wir gut mit der Beschreibungssprache von Pierre Bourdieu verstehen, die ich im letzten Kapitel ausgeführt habe. Bourdieu hatte selbst keinen bildungsbürgerlichen Hintergrund und hat sich den Zugang zum elitären französischen akademischen System hart erkämpfen müssen. In Deutschland und vielleicht mehr noch in Frankreich ist der Zugang zum Wissenschaftssystem sehr restriktiv. Überwiegend studieren Menschen, die schon in einem Umfeld aufgewachsen sind, in dem das ganz normal war. Für Menschen, die diesen Anreiz nicht haben, ist es bedeutend schwerer, an der Universität Fuß zu fassen. Das ist einmal darauf zurückzuführen, dass häufig mit einem höheren Bildungsgrad auch mehr Geld einhergeht (ökonomisches Kapital), was viele Sorgen von jungen Studierenden nimmt. Bourdieu meint aber auch, dass die ganze Form, sich im akademischen Kontext zu verhalten, zu sprechen, sich zu kleiden und so weiter für Leute, die den akademischen Kontext nicht schon durch das Elternhaus kennen, neu sei. Hier gebe es Unterschiede, die gar nicht so leicht zu benennen sind und Bourdieu war ein äußerst scharfer Beobachter dieser „feinen Unterschiede". Ich wiederhole noch einmal einiges aus dem vorigen Kapitel, falls ihr hier erst einsteigt:

Damit meine ich (und meinte Bourdieu) unausgesprochene Regeln, denen die Menschen im Wissenschaftssystem (und in anderen sozialen „Feldern") folgen, die aber in keinem Handbuch stehen. Studierende aus einem bildungsbürgerlichen Elternhaus lernen einen Teil dieser Regeln bereits zu Hause und haben es leichter, sich an das Verhalten an der Universität anzupassen. Auch sie haben sicher Schwierigkeiten und vieles ist neu für sie, aber sie bringen einen Teil dessen mit, was Bourdieu „kulturelles Kapital" nennt, also ein implizites (= unausgesprochenes) Wissen, wie man sich zu verhalten hat. Menschen, denen dieser Hintergrund fehlt, haben es bedeutend schwerer. Viele Verhaltensweisen, die anderen als selbstverständlich erscheinen, sind für sie neu.

Bourdieu hat den Begriff des „Habitus" eingeführt, um die Gesamtheit von Einstellungen, Auftreten, Geschmack etc. einer Person zu bezeichnen. In *La distinction* (*Die feinen Unterschiede*)[65] hat er so die für viele skandalöse These vertreten, dass der vielen unglaublich individuell und privat erscheinende Geschmack eben nicht so privat und individuell ist, wie die Menschen glauben. Es wäre schon ein unglaublicher Zufall, wenn man feststellen müsste, dass Angehörige der Bildungsschicht unabhängig voneinander, überraschenderweise sich häufiger als andere für klassische Musik, Kunst und gehobene Küche begeistern können. Vielmehr zeigt sich, dass Angehörige einer sozialen Klasse meist sehr ähnliche Vorlieben und einen ähnlichen Geschmack entwickeln. Gerade über diese Haltungen zeigen sie sich schließlich gegenseitig, dass sie zueinander gehören. Der Geschmack, den wir haben, ist deshalb ein ganz wichtiges Zeichen, mit dem wir anderen Menschen zu verstehen geben, zu welcher gesellschaftlichen Gruppe wir gehören. Dies gilt nicht nur für den Geschmack, sondern auch für die Art, wie wir uns in Sprache, Kleidung und so weiter ausdrücken. Gerade weil der Geschmack für so individuell gehalten wird (auch wenn er es nicht ist), schreibt niemand auf, worin er eigentlich besteht. Für die Verhaltensweisen in Gruppen, in denen ihr euch

65 Bourdieu, *Die feinen Unterschiede.*

sonst nicht bewegt, bedeutet das, dass sie euch vermutlich nicht erklärt werden.

Es gibt Bücher, die plastischer machen, welche Schwierigkeiten für Menschen mit nicht-bildungsbürgerlichen Hintergründen in der Auseinandersetzung mit intellektuellen Kreisen entstehen. Drei davon sind *Die Jahre* von Annie Ernaux, *Rückkehr nach Reims* von Didier Eribon und *Zwischen der Welt und mir* von Ta-Nehisi Coates.[66] In diesen Büchern wird autobiographisch erzählt, warum es so schwierig ist, sich an Universitäten und in intellektuellen Kreisen zurechtzufinden, wenn man es nicht von klein auf gelernt hat. In diesen Büchern wird außerdem deutlich, wie schwierig es für Ernaux, Eribon und Coates war, sich mit ihrer Herkunft auseinanderzusetzen, nachdem ihnen der mühsame Weg in die inneren Zirkel akademischen und intellektuellen Lebens gelungen war.

Warum erzähle ich das? Weil klar werden sollte, dass es eine ganze Reihe impliziter Regeln gibt, die für das Sprechen an Universitäten gelten. Diese impliziten Regeln werdet ihr spüren und manchmal kann es vorkommen, dass die Art und Weise, wie in Seminaren gesprochen wird, euch einschüchtert. Ich kann euch diese Angst leider nicht nehmen, aber ich kann zumindest vor dem Hintergrund dieser Geschichte sagen: Dieses Gefühl der Einschüchterung liegt nicht an euch persönlich, sondern ist ein Ergebnis der symbolischen Macht des akademischen Systems. Durch die akademische Art und Weise zu sprechen und sich zu verhalten geben Personen zu verstehen, dass sie gebildet sind und zu einer höheren Bildungsschicht gehören. Auch wenn diese Personen es gar nicht böse meinen: Sie drücken damit häufig unabsichtlich aus, dass sie mehr Ahnung haben und sich besser zurechtfinden. Das kann einschüchtern, besonders dann, wenn ihr selbst zu dieser Gruppe gehören möchtet. Es geht zumindest auch darum, dass sich Angehörige einer bestimmten gesellschaftlichen Gruppe durch ihr Verhalten von anderen gesellschaftlichen Gruppen abgrenzen möchten. Der Mechanismus funktioniert nicht anders als bei bestimmten Subkulturen, bei denen die Zu-

66 Annie Ernaux, *Die Jahre* (Berlin: Suhrkamp, 2017); Didier Eribon, *Rückkehr nach Reims* (Bonn: Bundeszentrale für politische Bildung, 2016); Ta-Nehisi Coates, *Zwischen mir und der Welt* (Bonn: Bundeszentrale für Politische Bildung, 2016).

gehörigkeit auch durch bestimmte Grußrituale, das Hören bestimmter Musikstile etc. öffentlich zur Schau getragen wird. Ihr könnt also nach wie vor eingeschüchtert sein, aber ihr solltet wissen, dass genau das eine Funktion dieser „Distinktion" ist.

Weil das so implizit ist, möchte ich noch ein wenig Konkretes beitragen, das euch vielleicht in Situationen an Universitäten helfen kann. Als langjähriger Teilnehmer des akademischen Spiels habe ich manche wiederkehrende Verhaltensweisen beobachtet. Wenn es jetzt so aussieht, als sei es ganz furchtbar, im akademischen Betrieb zu sprechen: Das ist wirklich nicht immer so. Es gibt schöne Dinge, die ich weiter unten erwähne, aber es gibt eben auch Probleme, über die gesprochen werden muss, denn sie hindern viele daran, sich so frei zu verhalten, wie sie es gerne würden. Einige dieser Probleme sind die Folgenden:

- **Name Dropping:** Personen versuchen, dadurch gelehrt zu erscheinen, dass sie ganz viele andere Autor:innen nennen, die angeblich unfassbar wichtige Dinge über das Thema gesagt haben, über das gerade gesprochen wird. Häufig (nicht immer) steht im Hintergrund ein autoritäres Bedürfnis: Wenn Du mir widersprechen möchtest, musst Du auch all diesen anderen Autoritäten widersprechen, die ich genannt habe! Auch das muss natürlich nicht immer so sein. Vielleicht hat manchmal wirklich jemand das Bedürfnis, über diese anderen Autor:innen zu sprechen, vielleicht fragt sie oder er sich, ob es da Verbindungen gibt und ob sie oder er sie richtig verstanden hat. Wenn ihr aber merkt, dass jemand das ständig macht, es eigentlich zum Thema des Gesprächs nicht viel beiträgt und diese Person möglicherweise bei Nachfragen die genannten Autor:innen auch gar nicht soooo genau gelesen hat, dann habt ihr es mit einem Fall von Name Dropping zu tun. Lasst euch davon nicht beeindrucken und fragt einfach, was es jeweils mit dem Thema zu tun hat. Falls die Leute wirklich etwas darüber wissen, könnt ihr im besten Fall noch etwas lernen, falls nicht, werden sie ihr Verhalten hoffentlich korrigieren.
- **Mansplaining:** Wenn ihr feststellt, dass ihr plötzlich in einer Situation seid, in der euch etwas lange und in gewundenen Sätzen erklärt wird, und ihr wisst gar nicht, warum eigentlich, dann seid ihr sehr wahrscheinlich eine Betroffene von Mansplaining. Sehr wahrscheinlich seid ihr eine Frau und der erklärende Part ist ein Mann, auch wenn es Ausnahmen gibt. Mansplaining ist

eine Art des Redens, in der jemand eine andere Person ohne deren Einwilligung dazu benutzt, sich selbst darzustellen und aufzuwerten. Das kann so weit gehen, dass ihr euch in einer Situation wiederfindet, in der euch jemand euer eigenes Forschungsthema erklärt, wie mir eine Freundin und Kollegin neulich erzählt hat. Das Demütigende daran ist, dass euch damit die Kompetenz in einem Bereich abgesprochen wird, in dem ihr sie ja gerade selbst hart erworben habt. Es gibt verschiedene Tipps, wie damit umgegangen werden kann, in den konkreten Situationen ist es wahrscheinlich häufig kompliziert. Besonders wenn ihr euch im universitären Umfeld befindet, wird es häufig so sein, dass an den Situationen Leute beteiligt sind, mit denen ihr vielleicht auch zusammenarbeiten wollt. Es wird auf jeden Fall so sein, dass ihr diesen Leuten, wenn ihr weiter einfach höflich zuhört (was ja an sich nett ist), eine Bühne bietet und sie ermuntert, genau damit fortzufahren.

- **„Fragen" stellen nach Vorträgen:** Es kann geschehen, dass ihr einen öffentlichen Vortrag oder auch ein Referat im Seminar hört, und euch darüber wundert, dass eine Person aus dem Publikum eine „Frage" stellt, die darin besteht, dass diese Person sehr lange darstellt, was sie wissenschaftlich selber gemacht hat und warum es sehr wichtig wäre, das bei dem Vortragsthema auch noch zu berücksichtigen. Wenn ihr nun den Eindruck habt, dass das doch eigentlich gar nichts mit Thema des Vortrags zu tun hatte, dann seid nicht überrascht: Es ging gar nicht darum, etwas zu dem Vortrag zu sagen, sondern allein um Selbstdarstellung. Es gibt einfach Menschen, sehr oft Männer, die wenig Sensibilität dafür haben, wie viel Raum sie einnehmen können, ohne dass es für andere unangenehm wird.
- **Stresstalk:** Eine eher defensive Strategie, sich selbst in den Mittelpunkt zu rücken, kann (muss nicht!) darin bestehen, dass Leute ständig darüber sprechen, wie viele stressige E-Mails sie von wie vielen wichtigen Leuten bekommen, wie viele stressige Aufsätze sie für wie viele wichtige Zeitschriften überarbeiten müssen und wie gestresst sie davon sind, dass sie wieder einmal zahlreiche Termine mit bedeutenden Wissenschaftler:innen leider absolvieren müssen. Nicht immer, wenn jemand mitteilen möchte, dass sie oder er gestresst ist, muss das natürlich eine Art der Selbstinszenierung sein. Manchmal ist jemand auch einfach nur wirklich gestresst und muss mal mit jemandem da-

rüber sprechen. Aber es gibt eben auch eine Art des Stresstalks, die dazu dient, unter der Hand mitzuteilen, wie viele wichtige Dinge man so macht. Das ist für euer Studium vielleicht noch nicht so relevant, aber falls ihr irgendwann einmal eine Dissertation schreiben werdet, kann ich mir kaum vorstellen, dass ihr nicht in der einen oder anderen Form damit konfrontiert werdet. Lasst euch nicht davon anstecken oder beeindrucken! Es entsteht nämlich leicht der Eindruck, dass man selber ja gar nicht so viele wichtige Aufsätze veröffentlicht, wichtige Leute trifft und auf wichtige Konferenzen geht. Meistens ist das objektiv gar nicht so, aber die Mischung aus Stress und so viel Wichtigkeit kann einen schon einschüchtern.

- **Einen trinken gehen:** Mein letzter Punkt ist an sich nicht unbedingt ein Problem. Es kann schließlich ganz wunderbar sein, mit netten Kolleg:innen einen trinken zu gehen. Es kann aber auch zum Zwang werden. Auch das ist ein Punkt, der euch wahrscheinlich nur betrifft, wenn ihr euch dafür entscheidet, eure akademische Karriere weiterzuverfolgen. Wenn das nicht der Fall ist, ist es vermutlich irrelevant für euch. Wenn aber doch, dann werdet ihr feststellen, dass es eine Art der Vergemeinschaftung gibt, die darin besteht, dass Wissenschaftler:innen nach Kolloquien oder Vorträgen noch in eine Kneipe oder ein Restaurant gehen. Je nachdem, was für Leute das sind, kann es sein, dass es eine unangenehme Dynamik gibt, in der alle versuchen, die ranghöchste Person, also meistens die Professor:in, zu beeindrucken, indem sie probieren, besonders kluge Dinge zu sagen, oder eine andere der obigen vier Kommunikationsstrategien verfolgen. Oft wird gesagt, es sei total wichtig, dabei zu sein, weil da die wichtigsten Entscheidungen getroffen würden. Meiner Erfahrung nach ist das aber gar nicht unbedingt der Fall. Wenn ihr also nicht gerne in die Kneipe mitgeht, dann lasst es einfach oder geht nur ab und zu mit. Ich glaube nicht, dass euch dadurch allzu großen Nachteile entstehen werden.

Das sind einige Gefahren akademischer Kommunikationsformen und es ist sicher nicht schlecht, sie sich vor Augen zu führen. Unter guten Voraussetzungen gibt es aber auch Vorteile:

- **Vergemeinschaftung:** Oft ist es so, dass Menschen, die beginnen, ein geistes- oder kulturwissenschaftliches Fach zu studieren, sich schon zuvor bestimmte Fragen gestellt haben. Es ist nicht immer leicht, eine Gemeinschaft zu finden, innerhalb der sich diese Fragen diskutieren lassen: Hier habt ihr sie. Wenn euch bestimmte philosophische Fragen umgetrieben haben, könnt ihr innerhalb der Philosophie mit anderen Studierenden darüber diskutieren. Zur Zeit ist in Deutschland das Studium überdies nicht zusätzlich durch Studiengebühren belastet, anders als bspw. häufig an Universitäten in den USA und England.

- **Demokratisierung:** Wenn ihr in ein gutes Umfeld geratet, kann die wissenschaftliche Redeweise auch Vorteile bringen. Sie kann im Idealfall dazu beitragen, dass es weniger auf Autorität und Ansehen einer Person ankommt und mehr darauf, ob sie ein gutes Argument vorzubringen hat oder nicht. Ich kann leider nicht die frohe Botschaft verkündigen, dass dieses Ideal bereits erfüllt wäre – weit entfernt davon! Aber es ist andererseits auch nicht so, dass es überhaupt keine Rolle spielt.
- **Ermöglichung:** In geistes- und kulturwissenschaftlichen Fächern lernt ihr Formen des Denkens und auch des Sprechens, die es überhaupt erst möglich machen, bestimmte Phänomene zu benennen. Ein Beispiel wurde oben mit dem Begriff des Habitus gebracht. Bourdieu, der ihn in der Soziologie eingeführt hat, konnte damit dazu beitragen, dass ein Phänomen, das für viele schon lange eine Lebensrealität gewesen ist, zu benennen, zu beschreiben und über die Konsequenzen zu diskutieren. Dasselbe gilt nicht nur für viele andere Begriffe, sondern auch für Formen des Nachdenkens. Hierdurch wird es für euch möglich, anders über euch selbst und die Welt nachzudenken und darüber zu sprechen.

Ein letzter allgemeiner Punkt zum Sprechen in akademischen Kontexten: Gleichgültig, in welchen Bereichen ihr euch bewegt, ihr werdet immer ein bestimmtes Verhältnis von Zusammenarbeit (Kooperation) und Wettbewerb (Kompetition) erleben. Ich weiß nicht genau, ob diese Konkurrenz wirklich notwendig wäre, rein erfahrungsgemäß macht sie aber immer einen bestimmten Anteil am Verhalten aus. Das muss schließlich auch nicht immer schlimm sein: Ein angenehmes Maß an freundlichem Wettbewerb kann auch anregend wirken und das eigene Nachdenken beflügeln. Bei mir war es aber beispielsweise so, dass ich an einem bestimmten Punkt meiner akademischen Laufbahn gemerkt habe, dass das Maß an Wettbewerb in einem akademischen Bereich für mich zu groß war. Ich habe mich dann dazu entschlossen, in einen anderen Bereich zu gehen, in dem das Verhältnis von Kompetition und Kooperation für mich angenehmer war. Andere erleben vielleicht gerade die kompetitive Seite mancher akademischer Bereiche als positiv – auf jeden Fall solltet ihr euch überlegen, über längere Zeit bei einer Kompetition mitzumischen, die für euch sehr unangenehm ist. Je nachdem, wie viele wissenschaftliche Gemeinschaften es gibt, in die ihr ausweichen könnt, kann sich das natürlich auch als schwierig erweisen: Wenn ihr ein sehr spezifisches Wissensinteresse habt, das nicht von vielen Gemeinschaften getragen wird, müsst ihr darüber reflektieren, ob der Preis, den ihr zahlt, wenn ihr den kompetitiven Stil dieser Gemeinschaft mitspielt, und die Befriedigung eures Wissensinteresses am Ende für euch immer noch besser sein kann, als gar nicht Teil dieser Gemeinschaft zu sein.

Was ist eigentlich gute Kritik?

Schon im ersten Kapitel über die wissenschaftliche Fragestellung wurde ja gesagt, dass Kritik sehr wichtig ist, um wissenschaftlich arbeiten zu können. Eine kritische Haltung zum eigenen Arbeiten ermöglicht es, Lücken oder Widersprüche in der eigenen Argumentation besser erkennen zu können. Kritik an der Arbeit anderer öffnet diese Arbeit an der Verbesserung wissenschaftlichen Wissens anderen Wissenschaftler:innen. Sie schafft auf diese Weise insgesamt die Möglichkeit, bestimmte Wissensinhalte zu korrigieren. Wie wir bei der Darstellung von Robert Mertons Idealen für wissenschaftliches Arbeiten gesehen haben, ist dieser „organisierte Skeptizismus" sehr hilfreich dabei, Wissenschaften weiterentwickeln zu können. Wir haben auch gesehen, dass diese Form von „Skeptizismus" nicht, oder doch nicht notwendigerweise, mit einer bestimmten philosophischen Grundposition verbunden sein muss; vielmehr handelte es sich darum, Skepsis, oder Kritik, zu organisieren, d. h. in bestimmten Strukturen zu verankern, in denen Kritik wiederholbar ist und ermutigt werden kann. Doch ich habe dieses Unterkapitel über das „Prinzip der wohlwollenden Interpretation" nicht umsonst eingefügt. Denn in der Wissenschaftsgeschichte können wir sehr viele Fälle erkennen, in denen Kritik nicht in der gebotenen Form vorgetragen wurde, beispielsweise zu persönlich wurde, die kritisierte Position nicht richtig darstellte und so weiter. Dies gilt nicht nur für den Austausch von Wissenschaftler:innen untereinander, sondern auch für den direkten Austausch von Studierenden an der Universität, etwa im Seminar. Deshalb ist es wichtig, ein wenig darüber nachzudenken, auf welche Weise wir Kritik äußern möchten. Eine nicht gerade schlechte Orientierung bieten uns hier unsere eigenen Wünsche, auch wenn diese von Mensch zu Mensch leicht abweichen mögen: Auf welche Weise möchten wir auf unsere Fehler hingewiesen werden?

Das Prinzip der wohlwollenden Interpretation

Das „Prinzip der wohlwollenden Interpretation", englisch „principle of charity", entnehme ich dabei Texten des US-amerikanischen Philosophen Donald Davidson. Ich möchte es hier nicht sehr ausführlich darstellen. Sein wichtigster Aspekt ist, dass wir gerade die Ansicht, oder das Argument, das wir kritisieren möchten, in seiner bestmöglichen Form darstellen. Nehmen wir an, wir lesen etwas, mit dem wir überhaupt nicht einverstanden sind. Der erste Impuls könnte sein, nun besonders auf die schwachen Punkte hinzuweisen und diese besonders herauszustreichen. Das Prinzip Davidsons sagt aber, dass wir genau das Gegenteil tun sollten. Wir sollen unserem ersten Impuls widerstehen und zunächst annehmen, das, was wir gelesen haben, sei wahr. Nicht nur das! Wir sollen uns jetzt auch noch die Arbeit machen, die präsentierten Ideen im bestmöglichen Licht zu darzustellen, d. h. Lücken in der Argumentation ausfüllen, fehlendes Hintergrundwissen ergänzen, Erklärungen für mögliche Widersprüche suchen und anstreben, diese Widersprüche zu glätten. Erst wenn all dies geschehen ist, so sagt uns das Prinzip der wohlwollenden Interpretation, können wir darangehen, Kritik zu üben.

Eine kurze Zwischenbemerkung: Dieses Prinzip ist ein Ideal. Wie alle Ideale hat es einen Nutzen und es ist hilfreich, es sich hin und wieder zu vergegenwärtigen; aber man muss sich auch darüber im Klaren sein, dass der Versuch, es bruchlos immer verwirklichen zu wollen, zu Chaos oder Starrheit führen würde. Bestimmte Meinungen wollen wir vielleicht auch gar nicht in ihrer bestmöglichen Form darstellen wie etwa xenophobe (= fremdenfeindliche) Ansichten. Häufig werden wir ganz einfach nicht die Zeit haben, das Prinzip in seiner vollen Bedeutung zur Anwendung zu bringen. Ich habe es auch ehrlich gesagt häufiger erlebt, dass bestimmte Personen zwar angeblich eine von ihnen kritisierte Meinung im besten Licht darstellen wollten. Vielfach ist das aber einfach eine Rhetorik und in Wirklichkeit wollen sie das gegnerische Argument in Grund und Boden kritisieren. In guten Momenten hilft uns das Prinzip der wohlwollenden Interpretation aber als Richtschnur. Es lehrt uns besonders dann, wenn wir von einem ersten Affekt der Abwehr überrascht werden, erst einmal innezuhalten.

Wie auch im Kapitel „Fragestellung“ ist diese Überlegung zur wohlwollenden Interpretation ein Teil von allgemeineren wissenschaftstheoretischen Überlegungen. Davidson hat dieses Prinzip der „charity“, also des Wohlwollens, in einem Aufsatz präsentiert, der eigentlich sehr viel grundlegendere Fragen behandelt, als man in der Thematisierung von Verhaltensregeln für wissenschaftliche Kritik vielleicht erwarten würde.[67] Es ist nicht schlecht, kurz darauf hinzuweisen, dass Davidson seine Überlegungen im Rahmen allgemeiner erkenntnistheoretischer Erörterungen ausführte. Ihm ging es hier um die Frage, ob die Welt (die „Realität“) jenseits von bestimmten Schemata erkennbar sei, ob es also so etwas gibt, wie einen Zugang zur Welt, der allen Menschen, gleichgültig wann und wo, offenstünde. Außerdem wollte er wissen, ob diese Schemata ineinander übersetzbar wären. Für die Wissenschaftstheorie und Kommunikationswissenschaft hat diese Frage eine große Rolle gespielt. Letztlich ging es um die Frage, ob so etwas wie ein grundlegendes und übergreifendes Sinnsystem existieren kann: Gibt es eine Sprache, die alle Menschen verstehen und in die alle anderen Sprachen übersetzbar wären? Davidson bezieht sich in seinem Aufsatz deshalb nicht zufällig auf wichtige Vertreter der Linguistik (Benjamin Whorf, Edward Sapir) und auch der Wissenschaftsgeschichte und -theorie (Thomas Kuhn). Für viele dieser Autor:innen war die wissenschaftliche Sprache und Formen der Begriffsbildung und der Begründung von Wissen in den Wissenschaften in verschiedener Form aufschlussreich für Sprechen und Begriffsbildung insgesamt. Und umgekehrt geht es diesen Akteur:innen häufig, wenn sie über die Verhaltensformen

---

67 Donald Davidson, „On the Very Idea of a Conceptual Scheme“, in *Inquiries into Truth and Interpretation*, von Donald Davidson (Oxford/New York/Toronto: Oxford University Press, 1984), 183–98.

in den Wissenschaften sprechen, darum, auch Ideale für die Verhaltensformen in anderen Bereichen des menschlichen Lebens zu formulieren oder auf Fehler hinzuweisen. Das gilt zwar nicht immer und vielleicht lässt sich auch sagen, dass die Idee wissenschaftlicher Kommunikation als weniger machtförmige Form des Sprechens heutzutage weniger im Vordergrund steht. Doch wenn ihr Texte lest, die sich im 20. Jahrhundert mit der Sprache, den Erkenntnisformen und dem Austausch von Wissenschaftler:innen befassen, dann sollte es euch jetzt nicht mehr überraschen, dass diese Texte häufig Wissenschaften als mehr oder weniger ideale Formen der Vergemeinschaftung darstellen.

Warum gerade das wissenschaftliche Sprechen als vorbildhaft gelten kann, liegt wohl im wesentlichen daran: Das wissenschaftliche Sprechen in seiner idealen Form strebt immer danach, den anderen möglichst gut zu verstehen. Die wissenschaftliche Sprecherin in der Vorstellung Davidsons würde nachfragen, wenn sie etwas nicht verstanden hätte, würde dem anderen helfen, ein Argument zu verbessern. All das würde schließlich schrittweise und näherungsweise zu einem immer besseren wechselseitigen Verständnis führen. Dieses wiederum würde dabei helfen, Konflikte zu vermindern.

Empirisch müssen wir wohl ganz klar feststellen, dass diese Ideale nicht erreicht wurden. Wissenschaft bildet keinen herrschaftsfreien Diskurs[68] und Kritik wird keineswegs immer so freundlich vorgetragen, wie es das Prinzip der wohlwollenden Interpretation verlangt. Doch es ist sicher nicht falsch, daran zu arbeiten, dass gegenseitiges Verständnis sich verbessert und, wenn es im Rahmen der eigenen Toleranzgrenzen akzeptabel ist, klarer zu machen, an welchem Punkt genau sich Positionen von den eigenen unterscheiden. Dies macht es dann möglich, wie Davidson meint, von einer einfachen und häufig unproduktiven Uneinigkeit zu einer „bedeutungsvollen Uneinigkeit" zu gelangen. Damit meint er: Wir können uns uneinig über verschiedene Dinge sein, aber wenn wir uns nicht auf eine wohlwollende Weise darüber unterhalten, dann wissen wir vielleicht nicht ganz genau, *worin* diese Uneinigkeit eigentlich besteht. Erst wenn wir das getan haben, sehen wir, was der Grund unserer Uneinigkeit ist. In manchen

68 Die Idee des herrschaftsfreien Diskurses geht auf Jürgen Habermas zurück.

Fällen wird sich dann auf dem Weg vielleicht zeigen, dass die Uneinigkeit gar nicht so groß war und einfach auf Missverständnisse zurückzuführen ist. Ohne den ersten Schritt zu einem solchen wechselseitigen Verständnis zu gehen, wäre wohlwollenden Kritik nicht möglich, nämlich: zunächst zu verstehen, was die oder der andere eigentlich meint. Wenn es in der Situation möglich ist, hilft es, einfach nachzufragen, aber wenn das nicht geht, dann ist es in der Tat weiterführend, wenn ihr euch vorstellt, ihr würdet die Meinung, die ihr kritisieren möchtet, selber vertreten. Wie gesagt, natürlich immer nur bis zu einem Punkt, an dem ihr das selber ethisch vertreten könnt. Im besten Fall führt eine solche Kritik am Ende dazu, dass ihr gemeinsam an etwas arbeitet, von dem dann beide Parteien profitieren.

Wie schreibt man eigentlich?

Schreiben zu können ist eine der zentralen Fähigkeiten, zu dem euch das Studium in den Geistes- oder den Kulturwissenschaften verhelfen soll. Dabei unterscheidet sich der Stellenwert des Schreibens in diesen Fächern stark von den MINT-Fächern (Medizin, Ingenieurwissenschaften, Naturwissenschaften, Technik). Während häufig – natürlich nicht immer – in den MINT-Bereichen das Schreiben im Vergleich mit anderen Tätigkeiten (wie Experimentieren) einen kleineren Teil der Forschungsarbeit ausmacht, wird in den Geistes- und Kulturwissenschaften ein deutlich längerer Zeitraum für das Schreiben eingerechnet. Das ist nicht vollkommen zufällig und bestimmt sich auch aus den Arten und Weisen, wie in diesen Fächern Wissen erzeugt wird: Die Texte interpretieren hier nicht nur, was vorher an Daten generiert wurde, sondern werden häufig (jedenfalls mache ich das so) selber als Forschungstechniken verwendet. Insbesondere in den historisch ausgerichteten Fächern kann die Art und Weise, wie ein bestimmter Inhalt dargelegt wird, selber Teil des Arguments sein. Es ist beispielsweise sehr selten so (siehe Kapitel „Fußnote"), dass eine Historikerin alle Quellen überprüfen wird, auf denen ein bestimmtes historisches Forschungsergebnis beruht. Sie wird vielleicht prüfen, ob im Allgemeinen richtig zitiert wurde und an Stellen, für die sie sich ganz besonders interessiert, wird sie eventuell auch einmal etwas nachlesen. Es ist aber ganz ausgeschlossen, dass alle Quellen einer historischen Arbeit von einer Leserin dieser Arbeit nachvollzogen werden. Nicht zuletzt aus diesem Grund ist die Art und Weise, wie wir schreiben, also der Stil, ein Teil der Arbeitstechniken: Wollen wir Unsicherheiten bei bestimmten Argumenten eher verbergen oder diskutieren wir sie offen? Legen wir ausführlich dar, wie wir zu bestimmten Thesen gekommen sind? Wie legen wir den Spannungsbogen der Arbeit an? Falls ihr irgendwann vielleicht einmal einen Aufsatz für eine Zeitschrift schreiben wollt und euch also dafür entscheidet, die wissenschaftliche Karriere ein wenig länger zu verfolgen, werdet ihr feststellen: Der Aufbau von wissenschaftlichen Veröffentlichungen ist bis zu einem gewissen Grad normiert. Im Wesentlichen sind wissenschaftliche Aufsätze in Fachzeitschriften ähnlich strukturiert wie auch eure Haus- oder Abschlussarbeiten. Trotzdem gibt es noch sehr viel Freiheit, wie ihr eure Texte formuliert, wie ihr mit Annotierungen umgeht, wie stark ihr auf die Ergebnisse anderer Wissenschaftler:innen eingeht, ob ihr den Spannungsbogen eures Textes eher durch eine eigene Fragestellung oder durch die Kritik an anderen Thesen zum selben Thema motiviert und so weiter. Ihr habt hier einen gewissen Einfluss darauf, in welcher Form eure Leser:innen eure Thesen aufnehmen werden. Das wäre schließlich auch so, wenn ihr jemandem eure Thesen mündlich erklären würdet. Es macht schon einen Unterschied, ob ihr dann eure Thesen flüstert, schreit, ob ihr ewig lange Sätze macht oder euch stakkatoartig kurz ausdrückt.

Durch die Art und Weise, wie ihr euer Material darlegt, könnt ihr also mitbestimmen, wie eure Leser:innen die Arbeit lesen werden. Dies ist eure Freiheit und eure Wahl. Beispielsweise könnt ihr euch dazu entscheiden, eine Arbeit in der Form eines langen Beweises zu schreiben. Ihr könntet zeigen wollen, dass die Deutung eines bestimmten literarischen Textes aus der Forschungsliteratur, die ihr gelesen habt, falsch ist. Dann könnt ihr einleitend sagen, dass ihr zeigen werdet, dass diese Deutung falsch ist, anschließend eure eigene Deutung entfalten und abschließend dafür argumentieren, warum die von euch kritisierte Deutung nicht haltbar ist. Ihr könntet euch aber auch anders entscheiden, ohne inhaltlich sehr viel zu verändern. Ihr könntet einleitend die Frage formulieren, wie der literarische Text gedeutet werden sollte, anschließend eure Deutung entfalten und erst dann fragen, ob die in der Forschungsliteratur vorhandenen Deutungen haltbar sind. Auch dann könntet ihr schließlich zeigen, dass die von euch kritisierte Deutung unhaltbar ist, aber eure Arbeit hätte dann weniger eine konfrontative Struktur. Ihr könnte euch drittens auch dafür entscheiden, eher eine detektivische Struktur vorzugeben, indem ihr einleitend die Frage aufwerft, welche Deutungen eines literarischen Textes eigentlich in eurer Perspektive am treffendsten sind. Und, und, und. Das alles sind Stilentscheidungen, die ihr frei treffen könnt, je nachdem, was euch jeweils am sinnvollsten erscheint.

Dafür haben solche Entscheidungen einen immensen Einfluss darauf, welche Aspekte eures Textes eure Leser:innen am ehesten wahrnehmen werden. Im ersten, dem konfrontativen Fall, wird vermutlich die Argument-Gegenargument-Struktur im Zentrum der Aufmerksamkeit stehen. Im zweiten Fall steht eure These im Zentrum. Im dritten Fall wird eure Leserin mehr eingebunden und aufgefordert, mitzudenken. Ihr könnt euch überlegen, was ihr am ehesten mit eurem Text erreichen und wie ihr am ehesten mit euren Leser:innen zusammenarbeiten wollt.

Dies ist natürlich nur ein Beispiel. Eure Entscheidungen sind vielfältiger und sicher auch abhängig von den Erfahrungen, die ihr im Schreiben von Texten habt. Ich möchte hier keinen Überblick über sie geben, sondern nur darauf hinweisen, dass es hilft, wenn ihr euch diese Entscheidungen bewusst macht. Beim Schreiben des Buches, das ihr gerade lest, habe ich etwa auch einige Überlegungen angestellt. Ich habe erstens überlegt, dass es euch vielleicht hilft, wenn ich mich mit „ich" und euch mit „ihr" anspreche. Das macht die Sätze greifbarer und das Buch nahbar. In wissenschaftlichen Publikationen meinen viele, dass es nicht angebracht sei, „ich" zu schreiben, weil das die Person des Autors zu sehr ins Zentrum stelle. Deshalb ist es in wissenschaftlichen Publikationen nicht gut, zu oft „ich" zu schreiben, manche meinen sogar, dass das Wort gar nicht verwendet werde darf (das finde ich wiederum ein wenig übertrieben). Weil dieses Buch aber keine wissenschaftliche Publikation im engeren Sinne ist, habe ich gedacht, dass ich das Wort „ich" bedenkenlos verwenden kann.

Zweitens habe ich mir Gedanken über die Länge der Sätze gemacht und mir eine Regel überlegt: im Manuskript kein Satz über drei Zeilen (in dieser Druckfassung sind sie etwas länger geworden). Das macht die Sätze einfacher und verständlicher. Ich habe versucht, unbekannte Wörter entweder zu vermeiden oder ganz bewusst einzuführen (wie „Habitus" oder „implizit"). Außerdem wollte ich in diesem Buch nichts beweisen oder euch zu irgendetwas überreden. Deshalb habe ich mich dazu entschieden, offen zu formulieren und euch hin und wieder aufzufordern, euch eure eigene Meinung zu bilden. All diese Entscheidungen sind voraussichtlich (hoffentlich) gut für ein Einführungsbuch ins wissenschaftliche Arbeiten, wären aber nicht alle zu empfehlen, wenn ich einen wissenschaftlichen Aufsatz schreiben würde.

Ihr könnt jeweils entscheiden, was ihr mit einem Text erreichen wollt. Nicht immer ist es hilfreich für euch, wenn ihr eine einfache Sprache wählt. Manchmal kann es nützlich sein, wenn ihr ein wenig gelehrt wirkt und auch zeigt, dass ihr Fachwörter beherrscht. So könnte ich den Satz „Der Diskurs über Michel Foucault erreichte in den 1980er Jahren ein neues Maß an Intensität.“ auch schreiben als: „In den 1980er Jahren wurde wieder mehr über Michel Foucault diskutiert.“ Beide Sätze, die sehr Ähnliches sagen, haben ihren Nutzen an jeweils unterschiedlichen Orten. Es ist oft schwer zu sagen, ob durch eine einfachere Ausdrucksweise wirklich inhaltlich etwas verloren geht. In diesem Fall wurde das Wort „Diskurs“ durch ein anderes, weniger voraussetzungsreiches Wort („Diskussion“) ausgetauscht. Beide Worte weichen in ihren Bedeutungen leicht voneinander ab, aber vielleicht wären diese Unterschiede hier gar nicht so entscheidend. „Diskurs“ ist ein Wort, das von Foucault selber in seinen philosophischen Texten eingeführt wurde. Es würde zu weit führen, hier zu erklären, warum Foucault diesen Begriff eingeführt hat. Jedenfalls haben ihn dann Philosoph:innen übernommen und irgendwann haben alle von „Diskurs“ gesprochen. Das Wort ging in den akademischen Sprachgebrauch insgesamt über und wird heute für alles Mögliche und oft recht schwammig verwendet. Es zu verwenden, signalisiert anderen Akademiker:innen, dass ihr Teil des Spiels seid. Für euch kann das relevant sein, denn ihr könnt so etwas wohldosiert einsetzen.

Für welche Ausdrucksform ihr euch entscheidet, hängt davon ab, welchen Zweck ihr verfolgt. Wir schreiben schließlich immer mit einer gewissen Vorstellung von der Person, die uns lesen wird und passen uns unwillkürlich an deren Erwartungen an. Was wir unwillkürlich tun, können wir uns zugleich auch bewusst machen und haben dann etwas mehr Kontrolle darüber. Das hilft dabei, Entscheidungen über Schreibstile an die jeweiligen Anforderungen anzupassen.

Schreibtypen

Es gibt ganz unterschiedliche Arten, wie man das Schreiben konkret angehen kann. Zwar ist die Angst vor dem weißen Blatt im Zeitalter von Computern zurückgegangen, doch ganz verschwunden ist sie nicht. Wenn ihr euch umschaut und seht, wie andere Studierende schreiben, werdet ihr vermutlich auch eine große Bandbreite an Zugangsarten erkennen. Manche schreiben erst einmal drauflos, haben dann einen chaotischen Haufen verschiedener Textteile, andere machen sich lange Notizen, schreiben gar nichts, und bringen dann alles schon geordnet zu Papier. Zu welchem Schreibtyp ihr gehört, müsst ihr während des Studiums herausfinden, wenn ihr es nicht schon wisst. Es gibt hier nicht den richtigen oder den falschen Typ, aber es ist hilfreich, zu wissen, mit welchen Vor- und Nachteilen ihr rechnen müsst. Wenn ihr ein wenig recherchiert, werdet ihr feststellen, dass unterschiedliche Angebote existieren, Schreibtypen zu taufen. Für mich war das hilfreich und ich gebe es hier weiter.

Hier orientiere ich mich an einer Website von der Universität Lüneburg, die von Dagmar Angelika Hanke inhaltlich betreut wurde, es gibt aber zahlreiche andere Angebote.[69] Hanke unterscheidet hier zwischen „Abenteurer:innen" und „Architekt:innen" und ich möchte diese Unterscheidung übernehmen und etwas erläutern.

Die Typisierung von Haltungen zum Schreiben hat im Wesentlichen den Sinn, das Gleichgewicht zwischen Ordnung und Chaos, zwischen Strukturiertheit und Kreativität, zwischen dem Aufnehmen neuer Informationen und der Niederschrift von schon verarbeiteten Informationen auszudrücken. Für euch sollte damit klar werden: Es gibt nicht die eine richtige Art zu schreiben, sondern unterschiedliche Typen und diese unterscheiden sich je nach Schreiber:in. Wenn ihr aber ein wenig darüber nachdenkt, wie ihr schreibt, dann hilft das außerordentlich dabei, auch um die Nachteile zu wissen, die damit verbunden sind. Vor allem hilft es, wenn ihr auf Schwierigkeiten stoßt und dann wisst: Das ist jetzt nicht meine individuelle Unzulänglichkeit, sondern betrifft viele Personen, die auf eine ähnliche Art wissenschaftlich schreiben. Ihr müsst euch dann nicht grundsätzlich ändern, könnt aber daran arbeiten, typische Fehler zu vermeiden.

Der „Abenteurer": Ich selber gehöre zum Schreibtypus „Abenteurer". Das bedeutet, dass ich schon früh anfange, meine Gedanken zu Papier zu bringen. Ich mag das Schreiben als Schreiben selber. Wenn ich ein leeres Textdokument sehe, dann macht mir das keine Angst, sondern beflügelt mich eher und zeigt mir Möglichkeiten. Wenn ich schreibe, schreibe ich zunächst ziemlich unkritisch das auf, was mir durch den Kopf geht und freue mich,

69 Siehe https://lehrwiki.leuphana.de/display/SWCRessourcen/Schreibtypen (zuletzt abgerufen 3.7.2022).

wenn sich die Absätze und Seiten mit Text füllen. Dann breche ich wieder ab und wende mich anderen Dingen zu. Vielleicht lese ich wieder und vergesse fast, dass ich noch einen Text schreiben möchte. Nach ein paar Tagen erinnere ich mich wieder daran und gehe erneut ans Schreiben. Einiges von dem, was ich vor ein paar Tagen geschrieben habe, kommt mir jetzt merkwürdig vor. Ein paar Sachen sind schlicht falsch. Vieles ist stilistisch verbesserungswürdig. Ich überarbeite den Text, einige Passagen muss ich ganz löschen. Auch die Gliederung erscheint mir jetzt nicht mehr so ganz schlüssig zu sein.

Ihr seht: Als „Abenteurer“ habe ich ein paar Vorteile und ein paar Nachteile. Ich habe Spaß am Schreiben, das ist ein großer Vorteil. Ich kann leicht und viel schreiben, das ist auch ein Vorteil. Andererseits ist es für mich nicht immer leicht, einen größeren Bogen zu schlagen, weil ich mich zu sehr im Schreibprozess aufhalte und genau dort wohlfühle. Ich weiß auch am Anfang noch gar nicht unbedingt, worauf alles hinauslaufen soll. Das macht es mir manchmal schwer, zu wissen, welche einzelnen Teile mein Text haben soll. Die Folge davon ist, dass ich oft überflüssige Textteile schreibe. Manchmal kann ich diese Teile dann an anderen Stellen verwerten, aber meine Festplatte ist dennoch voll von ungenutzten Skizzen und Textentwürfen. Als Abenteurer sollte ich also nicht allzu eitel mit meinen Texten umgehen, denn ich weiß, dass vieles von dem, was ich schreibe, nicht verwendet werden wird. Dies gilt übrigens auch für dieses Buch. Was ihr hier vor euch seht, ist nur ein Teil von sehr viel längeren Skizzen, die jetzt niemand jemals zu Gesicht bekommen wird. Über die Jahre habe ich gelernt, dass ich einfach auf diese Art schreibe. Ich weiß, damit umzugehen und um die vielen ungeliebten und ungelesenen Seiten Text nicht allzu sehr zu trauern. Ich habe meinen Drang, unsystematisch drauflloszuschreiben ein wenig gezügelt und etwas mehr Ordnung hineingebracht. Außerdem überlege ich mir etwas mehr, ob ich wirklich einen bestimmten Text schreiben sollte oder nicht. Das hat die Gefahren des Abenteurertypus etwas abgemildert; an meiner Grundhaltung zum Schreiben hat es allerdings nichts geändert. Ich bin und bleibe ein Abenteurer, aber mittlerweile nehme ich mir bei meinen Abenteuern öfter mal eine Landkarte mit.

Die „Architektin“: Sie ist gewissermaßen das Gegenteil des Abenteurers. Sie schreibt niemals einfach drauflos, sondern macht sich über lange Zeit einen Plan und weiß dann, wenn sie wirklich schreibt, ganz genau, welcher Textteil an welche Stelle gehört. Sie liest und konsultiert alle relevanten Quellen und denkt viel nach. Sie macht sich Notizen und schreibt verschiedene Gliederungen, die immer feiner und detaillierter werden. Schließlich schreitet sie zur Tat. Sie schreibt auf, was sie sich vorher im Kopf und in Form von Gliederungen zurechtgelegt hat. Jeder Satz ist an seiner Stelle, der Text wächst linear vom Anfang bis zum Ende, von Anfang an hat sie das Ziel vor Augen und kann alles darauf ausrichten. Die Vorteile diese Schreibtypus, zu dem ich selbst überhaupt nicht gehöre, sind offenkundig. Vielleicht habe ich sie so klar formuliert, weil ich manchmal ein bisschen neidisch bin. Es gibt aber auch Gefahren: Architektinnen haben häufig Sorgen. Zwar machen sie sich gute Pläne und wissen im Prinzip, worauf sie mit ihrem Text hinauswollen, aber sie sind sich vielleicht nicht ganz sicher, ob es auch wirklich aufgeht, wenn sie sich ans Schreiben machen. Oft haben sie Zeitprobleme, weil sie für eine lange Zeit planen und dann nur noch eine kurze Zeit haben, um ihren Text final niederzuschreiben. Das kann zur Folge haben, dass sie über eine längere Zeit gestresst sind und dann einen großen Zeitdruck haben. Anders als die Abenteurer:innen sind Architekt:innen auch nicht ganz so flexibel. Abweichungen vom Plan werden eher als Störung und nicht als Bereicherung wahrgenommen. Ihr seht: Architekt:innen können auf ganz bewundernswerte Weise einen Text im Kopf konstruieren und ihn dann niederschreiben. Aber auch das hat eben Vor- und Nachteile. So wie die Abenteurer:innen etwas von den Architekt:innen lernen können, gilt es auch umgekehrt. Vielleicht ist es manchmal hilfreich, bestimmte Textteile schon einmal vorher zu formulieren und mit anderen zu diskutieren. Das macht es dann insgesamt leichter, die Meinung von anderen einzuarbeiten. Wenn die Architektin bis zur letzten Minute bis zur Niederschrift wartet, hat sie meist keine Zeit mehr, den Text mit anderen Studierenden oder Dozierenden zu diskutieren.

Dies ist nur eine der vielen Möglichkeiten, Haltungen zum Schreiben zu benennen und zu unterscheiden. Wenn es euch hilft und ihr euch in diesen Beschreibungen wiederfindet, ist es gut. Wenn ihr den Eindruck habt, dass ihr noch zu einem anderen Schreibtypus gehört, dann versucht vielleicht einfach einmal, euch selbst zu beschreiben: Was tue ich, wenn ich an das Schreiben eines Textes denke? Habe ich Angst vor dem „weißen Blatt“? Schreibe ich ganz viele Fassungen ein- und derselben Passage? Macht euch deutlich, was die Vorteile sind, wenn ihr so schreibt, wie ihr schreibt. Denkt auch über die Herausforderungen nach, vor denen ihr steht und wie ihr sie bewältigen könnt.

Der Stil

Was ein „Stil“ ist, sowohl ein Schreibstil als auch ein wissenschaftlicher Stil, ist selber wieder eine eigene interessante kulturwissenschaftliche Frage. Ein sehr bekannter Text zur Frage wurde beispielsweise von einem Naturforscher des 18. Jahrhunderts veröffentlicht, Georges-Louis Leclerc de Buffon (1707–1788). In seinem *Versuch über den Stil* meinte er: „Der Stil, das ist der Mensch selbst.“[70] Buffon war ein sehr bekannter Autor im 18. Jahrhundert und besonders beliebt aufgrund seiner klaren, gut verständlichen, aber gleichzeitig intellektuell ansprechenden Sprache. Er war der Ansicht, dass die Unfähigkeit, etwas klar und einfach zu sagen, häufig einfach darauf zurückzuführen sei, dass etwas noch nicht richtig verstanden worden war. Hier möchte ich nicht zu weit in dieses Gebiet vordringen und ich meine mit Stil einfach die Art und Weise, wie jemand etwas ausdrückt. Ich kann der Ansicht Buffons viel abgewinnen. Wenn es Wissenschaftler:innen gelingt, ihre Gedanken in klaren Worten und Sätzen auszurücken, bin ich ihnen dankbar und habe den Eindruck, von ihnen leichter etwas lernen zu können. Es geht häufig ohnehin schon um komplexe Zusammenhänge und wir haben alle viel zu tun, da sollten wir es unseren Kolleg:innen, Student:innen oder Dozent:innen nicht noch schwerer machen als nötig, uns zu verstehen. Wenn wir in einer perfekten Welt leben würden, in der wissenschaftliche Systeme allein dem Zweck dienen würden, möglichst gut wissenschaftliches Wissen zu produzieren, wäre damit alles gesagt. Wenn ihr das Buch bis hierhin vollständig gelesen habt, dann werdet ihr jetzt schon wissen, dass Buffons Ideal vielleicht schön und gut ist. Es ist aber nicht immer nützlich. Für euch wird wichtig sein, dass euer Stil dem Zweck angemessen ist, den ihr verfolgt.

70 „Le style est l’homme même“, Georges Louis Leclerc Buffon, *Discours sur le style [1753]* (Paris: Delagrave, 1894), 16.

* * *

Je nachdem, an welcher Stelle des wissenschaftlichen und kulturellen Lebens ihr einmal landen werdet: Schreiben wird sehr wahrscheinlich einen Anteil an eurer Arbeit haben. Bei mir ist das ein recht großer Anteil, in anderen Berufen ist der Anteil kleiner. Doch neben dem öffentlichen Sprechen ist das argumentierende, wissenschaftliche Schreiben eine der zentralen Fähigkeiten, die ihr im Studium erwerben werdet und die euch auch dann nützen wird, wenn ihr nie wieder in einem akademischen Stil schreiben werdet. Ihr lernt, euch während des Schreibprozesses kritisch zu reflektieren und längere Gedankengänge so zu ordnen, dass ihr einen zusammenhängenden Text darüber verfassen könnt. Nehmt das Schreiben deshalb ernst und betrachtet es als eine Möglichkeit, euch in einer Fähigkeit zu üben, die, abgesehen davon, dass sie nützlich ist, auch Spaß machen kann. Ihr habt jetzt die Gelegenheit, gemeinsam mit euren Mitstudierenden und Dozierenden schreiben zu üben.

Schluss

Wenn ihr das Buch bis hierhin gelesen habt, dann habt ihr etwas über die Geschichte der Wissenschaften gelesen. Außerdem wurde auch einiges darüber gesagt, wie wissenschaftliches Arbeiten von außen, als soziales Unternehmen, aussieht oder auch, wie es sich beschreiben lässt. Ein paar Tipps habt ihr über das wissenschaftliche Lesen, das Vortragen und das wissenschaftlich Schreiben erhalten. Hoffentlich war einiges davon für euch nützlich. Ihr werdet festgestellt haben, dass dies kein wissenschaftliches Buch ist. Es verfolgt keine wissenschaftliche Fragestellung, bringt keine neuen Erkenntnisse, denn auch das, was *über* die Wissenschaft darin geschrieben ist, ist nicht neu. Es ist auch keine Zusammenfassung all dessen, was die Wissenschaftler:innen über das wissenschaftliche Arbeiten herausgefunden haben.

Das Buch ist ein Werkzeug, das ihr nicht mehr braucht, wenn ihr mit seiner Verwendung fertig seid. Als Einführung in das wissenschaftliche Arbeiten enthält das Buch also ganz bewusst und zurecht keine neuen wissenschaftlichen Erkenntnisse, legt kein großes Argument über das wissenschaftliche Arbeiten dar, befähigt euch nicht unmittelbar dazu, in euren Fächern eine wissenschaftliche Arbeit zu schreiben. Im besten Fall hat die Lektüre des ganzen Buches oder einzelner Kapitel dazu beigetragen, dass ihr mehr darüber wisst, in welche Richtung ihr eure Fragestellungen entwickeln möchtet. Dann hätte ich dabei geholfen, zu etwas beizutragen, das nach Max Weber, mit dem ich dieses Buch begonnen habe, eines der besten Dinge ist, die Geistes- und Kulturwissenschaften erreichen können: eine größere Klarheit.

Ein Studium gibt euch die biographische Freiheit, euch für einige Jahre selbstständig mit bestimmten Themen zu befassen, Fragen zu stellen, mit Mitstudierenden zu diskutieren. Ihr habt außerdem Ansprechpersonen an eurer Forschungseinrichtung, die euch helfen werden, wenn ihr euch in eine bestimmte Richtung bewegen möchtet. Ich weiß nicht genau, ob diese Art von biographischer Freiheit wirklich einmalig ist, jedenfalls ist sie nicht alltäglich. Ihr könnt sie dazu nutzen, euch als eigenständige intellektuelle Person zu entwickeln und einen eigenen Zugang zu euren

Themengebieten zu entwickeln. Das wissenschaftliche Arbeiten erlaubt euch, solche Fragen zu verfolgen, ohne allzu schnell danach zu fragen, was dies am Ende nützen wird. Wenn dies also eine Einführung in das wissenschaftliche Arbeiten ist und es sind beim Lesen des Textes Fragen aufgetaucht, Fragen, die ihr jetzt so formulieren könnt, dass ihr daraus interessante und beantwortbare wissenschaftliche Probleme basteln könnt; wenn ihr Lust habt, in die Bibliothek zu gehen oder auch im Internet nach Forschungsliteratur zu recherchieren, die zur Beantwortung eurer Fragen hilfreich ist; wenn ihr das mit euren Mitstudierenden diskutieren wollt und wenn ihr ein Interesse daran entwickelt, mit euren Argumenten zu überzeugen, aber auch überzeugt zu werden; wenn all das oder doch etwas davon auf euch zutrifft, dann hat diese Einführung ihren Zweck, ein Werkzeug zu sein, erfüllt.

Texte, die im Buch zitiert wurden

Althusser, Louis. „Idéologie et appareils idéologiques d'État". In *Positions (1964–1975)*, 67–125. Paris: Éditions sociales, 1976.

Bourdieu, Pierre. *Die feinen Unterschiede. Kritik der gesellschaftlichen Urteilskraft*. Frankfurt am Main: Suhrkamp, 1987.

———. *Language and Symbolic Power*. London: Polity Press, 1991.

Bucher, Hans-Jürgen, Martha Kuhnhenn und Daniel Pfurtscheller. „Linguistische Strohmänner. Die Instrumentalisierung der Sprachwissenschaft in Rudolf Stöbers Kritik gendergerechter Sprache". *Publizistik* 66 (2021): 431–37.

Buffon, Georges Louis Leclerc. *Discours sur le style [1753]*. Paris: Delagrave, 1894.

Butler, Judith. *Das Unbehagen der Geschlechter [1990]*. Frankfurt am Main: Suhrkamp, 1991.

———. *Gender Trouble. Feminism and the Subversion of Identity*. New York u. a.: Routledge, 1990.

Coates, Ta-Nehisi. *Zwischen mir und der Welt*. Bonn: Bundeszentrale für Politische Bildung, 2016.

Davidson, Donald. „On the Very Idea of a Conceptual Scheme". In *Inquiries into Truth and Interpretation*, von Donald Davidson, 183–98. Oxford/New York/Toronto: Oxford University Press, 1984.

Detel, Wolfgang. *Logik. Grundkurs Philosophie 1*. Stuttgart: Reclam, 2007.

Eckert, Svea und Peter Hornung. „Fake Science. Die Lügenmacher". ARD, 23. Juli 2018. https://programm.ard.de/TV/daserste/fake-science---die-l-genmacher/eid_28106756231764 (zuletzt abgerufen am 3.7.2022).

Eribon, Didier. *Rückkehr nach Reims*. Bonn: Bundeszentrale für politische Bildung, 2016.

Ernaux, Annie. *Die Jahre*. Berlin: Suhrkamp, 2017.

Fausto-Sterling, Anne. *Sexing the Body. Gender Politics and the Construction of Sexuality*. New York: Basic Books, 2000.

Festinger, Leon. *Theorie der kognitiven Dissonanz*. Bern u. a.: Huber, 1978.

Feyerabend, Paul. *Wider den Methodenzwang*. Frankfurt am Main: Suhrkamp, 1976.

———. *Wissenschaft als Kunst*. Frankfurt am Main: Suhrkamp, 1984.

Fleck, Ludwik. *Entstehung und Entwicklung einer wissenschaftlichen Tatsache [1935]*. Herausgegeben von Thomas Schnelle und Lothar Schäfer. Frankfurt am Main: Suhrkamp, 1980.

Foucault, Michel. *Die Ordnung der Dinge. Eine Archäologie der Humanwissenschaften [1966]*. Frankfurt am Main: Suhrkamp, 1974.

Gelhard, Andreas, Ruben Hackler und Sandro Zanetti, Hrsg., *Epistemische Tugenden. Zur Geschichte und Gegenwart eines Konzepts*. Tübingen: Mohr Siebeck, 2019.

Grafton, Anthony. *Die tragischen Ursprünge der deutschen Fußnote*. München: dtv, 1998.

———. *The Footnote. A Curious History*. Cambridge: Harvard University Press, 1997.

Gundlach, Horst. *Wilhelm Windelband und die Philosophie. Das Fach Philosophie und die Wissenschaft Psychologie im Deutschen Kaiserreich*. Wien: Johannes Thomas, 2017.

Hall, Stuart. *Cultural Studies 1983. A Theoretical History*. Durham/London: Duke University Press, 2016.

———. *Vertrauter Fremder. Ein Leben zwischen zwei Inseln*. Hamburg: Argument / InkriT, 2020.

Horkheimer, Max und Theodor W. Adorno. *Dialektik der Aufklärung. Philosophische Fragmente [1944]*. Frankfurt am Main: Fischer, 2003.

Klein, Josef. „Der Mann als Prototyp des Menschen – immer noch? Empirische Studien zum generischen Maskulinum und zur feminin-maskulinen Paarform". In *Adam, Eva und die Sprache. Beiträge zur Geschlechterforschung*, herausgegeben von Karin Eichhoff-Cyrus, 292–307. Mannheim: Dudenverlag, 2004.

Lüsebrink, Hans-Jürgen. „L'Histoire des deux Indes et es extraits. Un mode de disperion textuelle au XVIIIe siècle". *Littérature* 69 (1988): 28–41.

Merton, Robert. „Science and Social Order". *Philosophy of Science* 5, Nr. 3 (1938): 321–37.

———. „The Matthew Effect in Science. The Reward and Communication Systems of Science are Considered". *Science* 159 (1968): 56–63.

———. *The Sociology of Science. Theoretical and Empirical Investigations*. Chicago/London: University of Chicago Press, 1973.

Mignolo, Walter. *Local Histories/Global Designs. Coloniality, Subaltern Knowledges, and Border Thinking*. Princeton: Princeton University Press, 2012.

Morrison, Toni. „Nobel Lecture". 7. Dezember 1993. https://www.nobelprize.org/prizes/literature/1993/morrison/lecture/ (zuletzt abgerufen 3.7.2022).

Münch, Richard. „Der Monopolmechanismus in der Wissenschaft. Auf den Schultern von Robert K. Merton". *Berliner Journal für Soziologie* 20 (2010): 341–70.

Piketty, Thomas. *Das Kapital im 21. Jahrhundert*. Bonn: Bundeszentrale für politische Bildung, 2015.

Raynal, Guillaume-Thomas und Denis Diderot. *Histoire philosophique et politique des établissemens & du commerce des européens dans les deux Indes*. Amsterdam, 1770.

Savoy, Bénédicte. *Afrikas Kampf um seine Kunst. Geschichte einer postkolonialen Niederlage*. München: C.H. Beck, 2021.

Shapin, Steven und Simon Schaffer. *Leviathan and the Air-Pump. Hobbes, Boyle, and the Experimental Life*. Princeton, NJ: Princeton University Press, 1985.

Spoerhase, Carlos. „Lese lieber ungewöhnlich". *Frankfurter Allgemeine Zeitung*. 3. November 2015.

Stout, Jane G. und Nilanjana Dasgupta. „When He Doesn't Mean You. Gender-Exclusive Language as Ostracism". *Personality and Social Psychology Bulletin* 36, Nr. 6 (2011): 757–69.

Weber, Max. „Wissenschaft als Beruf [1919]". In *Max Weber Schriften 1894–1922*, herausgegeben von Dirk Kaesler. Stuttgart: Kröner, 2002.